DOCUMENTOS DA CNBB – 101

CONFERÊNCIA NACIONAL DOS BISPOS DO BRASIL

A IGREJA E A QUESTÃO AGRÁRIA BRASILEIRA NO INÍCIO DO SÉCULO XXI

Direção-geral: *Bernadete Boff*
Editora responsável: *Vera Ivanise Bombonatto*

Nenhuma parte desta obra poderá ser reproduzida ou transmitida por qualquer forma e/ou quaisquer meios (eletrônico ou mecânico, incluindo fotocópia e gravação) ou arquivada em qualquer sistema ou banco de dados sem permissão escrita da Editora. Direitos reservados.

1ª edição – 2014

Paulinas

Rua Dona Inácia Uchoa, 62
04110-020 – São Paulo – SP (Brasil)
Tel.: (11) 2125-3500
http://www.paulinas.org.br – editora@paulinas.com.br
Telemarketing e SAC: 0800-7010081

© Pia Sociedade Filhas de São Paulo – São Paulo, 2014

SUMÁRIO

Siglas 6

Apresentação 7

Introdução 11

1ª Parte – Situação agrária atual e suas implicações
para a vida social 17

2ª Parte – Nosso olhar de pastores sobre a atual
questão agrária 53

3ª Parte – Nossos compromissos pastorais 81

Conclusão – Na esperança de "novos céus
e nova terra" 107

Anexos 111

Bibliografia citada 126

SIGLAS

ADCT	Ato das Disposições Constitucionais Transitórias
ANA	Agência Nacional de Águas
ANVISA	Agência de Vigilância Sanitária
CIMI	Conselho Indigenista Missionário
CF	Campanha da Fraternidade
CNBB	Conferência Nacional dos Bispos do Brasil
CONAB	Companhia Nacional de Abastecimento
CPMI	Comissão Parlamentar Mista de Inquérito
CNJ	Conselho Nacional de Justiça
CPT	Comissão Pastoral da Terra
EFAS	Escolas Famílias Agrárias
FUNAI	Fundação Nacional do Índio
IBAMA	Instituto Brasileiro do Meio Ambiente
IBGE	Instituto Brasileiro de Geografia e Estatística
ICMBIO	Instituto Chico Mendes de Conservação da Biodiversidade
INCRA	Instituto Nacional de Colonização e Reforma Agrária
INSS	Instituto Nacional do Seguro Social
IPEA	Instituto de Pesquisa Econômica Aplicada
MNU	Movimento Negro Unificado
MPP	Movimento de Pescadores e Pescadoras Artesanais
PAA	Programa de Aquisição de Alimentos dos Agricultores Familiares
PEC	Projeto de Emenda Constitucional
PGPM	Política de Garantia de Preços Mínimos
PRONAF	Programa Nacional de Fortalecimento da Agricultura Familiar
STF	Supremo Tribunal Federal

APRESENTAÇÃO

Deus destinou a terra,
com tudo o que ela contém,
para o uso de todos os homens e povos
(GS, n. 69).

A terra é nossa casa. Moramos! Morar é ter um lugar, um porto; ir e voltar; poder sair e ter para onde retornar. Todo ser humano mora, habita. A aliança de Deus com o povo é a terra de "nossos pais". A terra de "nossos pais" é a esperança que conduz um povo, uma família.

No Livro do Gênesis, vemos como tudo foi criado e que somente depois foram gerados o homem e a mulher. Toda obra criada foi apresentada ao homem e à mulher. "Sede fecundos e multiplicai-vos, enchei a terra e submetei-a! Dominai sobre os peixes do mar, as aves do céu e todos os animais que se movem pelo chão" (Gn 1,28).

"Domínio", "dominar", têm a mesma raiz da palavra *dominus*. *Dominus* é o senhor. Mas *dominus* contém a palavra *domus*, que significa casa. Para Francisco de Assis, o "Altíssimo Senhor" é a grandeza e imensidão alta, espaçosa e livre como o céu, é a serenidade bondosa do Pai da casa que deixa todos os entes à vontade, em casa. A bondade do Pai que tudo acolhe, mantém e sustém, irmana toda a obra criada.

O homem e a mulher são chamados a ser senhor/senhora da obra criada, isto é, a cuidarem bondosamente da terra e de tudo o que nela habita, para que todos os seres vivam harmoniosamente.

No entanto, dominar, ser senhor, tornou-se negócio, lucro, dinheiro em benefício de poucos. O lucro desarranjou a casa de "nossos pais". O documento *A Igreja e a questão agrária brasileira no século XXI* confirma a exigência e a necessidade de "se chamar continuamente a atenção para os princípios de justiça, particularmente o princípio da destinação universal dos bens".[1]

Somos lembrados de que, na doutrina social, "o processo de concentração da propriedade da terra é julgado um escândalo, porque em nítido contraste com a vontade e o desígnio salvífico de Deus, enquanto nega a grande parte da humanidade o benefício dos frutos da terra. As perversas desigualdades na distribuição dos bens comuns e das oportunidades de desenvolvimento de cada pessoa e os desequilíbrios desumanizantes nas

---

[1] PONTIFÍCIO CONSELHO JUSTIÇA E PAZ. *Para uma melhor distribuição da terra: o desafio da reforma agrária*, 1997, n. 28.

relações individuais e coletivas, provocados por semelhante concentração, são a causa de conflitos que minam as bases da convivência civil e provocam a ruptura do tecido social e a degradação do ambiente natural".[2]

Na perspectiva bíblica, a terra é dom de Deus a todos os seres humanos. Deus entregou a terra, com tudo o que ela contém, para o uso de todas as pessoas e povos. Todos que participam do cuidado da terra estarão à mesa do banquete dos bens criados e trabalhados.

Somos provocados a superar o egoísmo, a exclusão, a fome, oferecendo espaços-moradia para todos os pobres. Somos convocados a não cair na "globalização da indiferença",[3] como nos diz o Papa Francisco, também no que diz respeito à terra e a tudo o que ela contém. "Além disso, a fé, ao revelar-nos o amor de Deus Criador, faz-nos olhar com maior respeito para a natureza, fazendo-nos reconhecer nela uma gramática escrita por ele e uma habitação que nos foi confiada para ser cultivada e guardada; ajuda-nos a encontrar modelos de progresso, que não se baseiem apenas na utilidade e no lucro, mas considerem a criação como dom, de que todos somos devedores."[4]

---

[2] Ibid., n. 27.
[3] Cf. PAPA FRANCISCO. Homilia na Santa Missa pelas vítimas dos naufrágios, Lampedusa (Itália), Campo Desportivo "Arena", na Localidade Salina, 8 de julho de 2013.
[4] Id., *Lumen fidei*, n. 55.

O documento *A Igreja e a questão agrária brasileira no século XXI* será um instrumento de trabalho, de animação e de orientação para as nossas comunidades. Os movimentos e grupos sociais, que lutam pelo direito à terra e pelo cuidado dela, encontrarão nesse documento inspiração e ânimo para perseverar no caminho do serviço aos irmãos e irmãs.

Uma palavra de gratidão a todas as pessoas que contribuíram para a construção do documento que agora entregamos às nossas Igrejas particulares, às nossas comunidades, às nossas famílias e a todas as pessoas de boa vontade. A disponibilidade e a disposição de ouvir e trabalhar fizeram nascer iluminações, orientações e opções para a nossa ação evangelizadora quanto à questão da terra.

Maria, Mãe de Jesus, ajude-nos a construir a morada onde todos e tudo estejam em casa.

Brasília, 14 de maio de 2014.
Festa de São Matias, Apóstolo

† Leonardo Ulrich Steiner
Bispo auxiliar de Brasília
Secretário-geral da CNBB

INTRODUÇÃO

1. Há pouco mais de 30 anos, por ocasião da XVIII Assembleia Geral da Conferência Nacional dos Bispos do Brasil – CNBB, em 1980, foi aprovado o documento *Igreja e problemas da terra*,[1] em resposta aos muitos clamores dos trabalhadores e trabalhadoras do campo, vítimas de um processo de modernização da agricultura que os governos militares puseram em curso, sem levar em consideração os compromissos de reforma social que formalmente assumiram no Estatuto da Terra (dez. 1964). Em 30 de março de 2006, foi publicado o documento *Os pobres possuirão a terra*, assinado por 112 bispos das Igrejas Católica, Anglicana e Metodista e por pastores sinodais da Igreja Evangélica de Confissão Luterana do Brasil.

2. Desde então, a sociedade brasileira passou por muitas mudanças, positivas e negativas. Lamentavelmente, nesta primeira década do século XXI houve recrudescimento das tendências excludentes da modernização agropecuária.

---

[1] *Igreja e problemas da terra*. São Paulo: Paulinas, 1980 (Documentos da CNBB, n. 17).

3. Este documento tem o propósito de fazer a leitura da realidade agrária brasileira nas condições históricas atuais, com todo rigor, mas principalmente a observando como Pastores do Povo de Deus, a partir de uma perspectiva baseada em princípios éticos que justificam nossa palavra a respeito desse assunto grave, motivada pela profética e evangélica opção pelos pobres e orientada pela defesa da destinação universal dos bens da natureza, com respeito ao seu usufruto, de acordo com a Doutrina Social da Igreja.

4. A Assembleia Constituinte (1987 – 1988) produziu a nova ordem jurídica de um Estado democrático e avançou em muitos aspectos em vista da construção de uma sociedade justa. Incluiu-se nesse conceito o ordenamento constitucional da questão agrária, afirmando-se a tríplice função social da propriedade fundiária que a legitima, isto é, a utilização produtiva, a preservação ambiental e as relações de trabalho legais (art. 186).

5. A política agrária concretamente executada no período da atual Constituição, principalmente neste século XXI, fruto de acordos tácitos ou explícitos do bloco ruralista com vários governos, prima por ignorar todo o ordenamento do direito de propriedade estabelecido constitucionalmente, e segue os ditames da concentração do capital e do dinheiro no

campo. Estrutura-se por aí uma hegemonia política e econômica, com implicações muito graves para o direito de propriedade, posse e uso da terra, a qual precisa ser observada e julgada à luz de critérios éticos.

6. Por outro lado, os "povos das terras, das águas e das florestas", destinatários de ações significativas da Igreja e de várias instituições atuantes no meio rural (tais como Romarias da Terra, Projeto de Um Milhão de Cisternas no Semiárido, Bancos de Sementes da Paixão, dentre outras), sentem-se claramente excluídos do projeto autodenominado economia do agronegócio. Com vinculações internas e principalmente externas, o agronegócio assume uma especialização "primária exportadora" e repele toda ideia de limite e controle social.

7. Produção de alimentos saudáveis, ecologia sustentável e estrutura agrária igualitária são atualmente demandas necessárias a uma boa vida social dos camponeses, privados de suas terras, mas também da população urbana, concentrada em 0,3% do território nacional. Todos dependem do uso contínuo de bens naturais, tais como recursos hídricos, clima e ar, notoriamente afetados pela ilimitada apropriação privada dos recursos fundiários no espaço rural (99,7% do território brasileiro).

8. No documento *Igreja e problemas da terra* (1980) e neste *A Igreja e a questão agrária brasileira, no início do século XXI*, há um campo de abordagem comum e, ao mesmo tempo, uma enorme diferença de momento histórico, que exige o necessário discernimento sobre a realidade que é objeto desta reflexão. O campo comum é a abordagem, pelo episcopado brasileiro, das questões relativas à estrutura agrária, ou seja, dos direitos de propriedade, posse e uso da terra. Essa abordagem é assumida como missão social da Igreja de anunciar a esperança e denunciar iniquidades que atingem o mundo rural. Nesse sentido, a abordagem da estrutura agrária, à luz das exigências éticas e da Doutrina Social da Igreja, assume lugar de destaque na prática pastoral da Igreja no Brasil.

9. Por outro lado, as mudanças de tempo reconfiguram a estrutura agrária, especialmente os papéis que aí exercem o Estado e o mercado. Essas mudanças históricas provocam a necessária reconsideração, por parte dos pastores, a respeito da estrutura agrária em nosso país, a fim de adequar nossa abordagem ética, moral e pastoral sobre essa questão tão complexa e urgente. Os problemas agrários de 1980 eram tratados pelo Estado da Segurança Nacional de então, enquanto hoje vivemos num estado de direito, sob a égide da Constituição de 1988. Há, portanto, outro

aparato político, jurídico e ideológico do Estado, que precisa ser levado em conta.

10. A dicotomia *terra de negócio* x *terra de trabalho* é juridicamente resolvida pelo regime fundiário da Constituição de 1988, que estabelece vários conceitos de direito à terra, muito aproximados às exigências éticas da função social e ambiental da terra, segundo a Doutrina Social da Igreja.

11. Essa dicotomia – *terra de negócio* x *terra de trabalho* – retorna à centralidade da estrutura agrária brasileira neste século, com a emergência de um ciclo histórico de forte predomínio político e ideológico da autodenominada "economia do agronegócio". Nela, a lógica mercantil implícita, de transformar toda terra "em mercadoria como outra qualquer", opõe-se frontalmente à norma constitucional da função social e ambiental da propriedade da terra. Essa questão, do ponto de vista conceitual e histórico, é mais amplamente tratada no Anexo 1.

12. O presente documento está estruturado em três partes, interligadas pelo tema da estrutura agrária. A 1ª Parte busca contextualizar a situação agrária atual. A 2ª Parte aborda a questão da posse e uso da terra à luz da Sagrada Escritura e do Magistério da Igreja. A 3ª Parte apresenta o olhar dos pastores diante de tantos clamores, dilemas, contradições e desafios, na perspectiva do agir pastoral em nossos dias.

1ª PARTE

SITUAÇÃO AGRÁRIA ATUAL E SUAS IMPLICAÇÕES PARA A VIDA SOCIAL

> "Eu vi a opressão do meu povo,
> ouvi seu grito de aflição" (cf. Ex 3,7).

1. Os clamores dos povos da terra, das águas e da floresta na estrutura agrária atual

13. Pela análise desenvolvida nesta 1ª Parte, evidencia--se um sistema econômico e político – a chamada economia do agronegócio – com forte poder, que leva a concentrar a produção, a renda e a riqueza no meio rural, seguindo uma norma de propriedade, posse e uso da terra, que é fortemente excludente das várias categorias de agricultores não integrados nesse sistema.

14. Esse processo em curso aponta para as consequências negativas dessa estrutura agrária para as condições de vida dos pobres do campo.

15. Há um conjunto amplo de agricultores, definidos nos conceitos empírico-censitários como "produtores por conta própria", e ainda as categorias

autodeclaradas "povos das terras, das águas e das florestas". Essa população constitui a esmagadora maioria da população residente no espaço rural. É também denominada de população camponesa, e apresenta no Brasil um rico e diversificado leque de formações sociais agrárias cujo denominador comum é sua precária situação na estrutura agrária atual.

16. Os agricultores familiares, segundo o conceito legal, ou os camponeses e povos da terra, segundo suas próprias autoidentificações, constituem diversificada gama de pequenos proprietários, parceiros, meeiros, arrendatários, ocupantes, assentados da reforma agrária, quilombolas, coletores florestais, e também populações indígenas. São verdadeiros guardiões do território nacional, residentes no espaço rural, que corresponde a cerca de 99,7% do território do Brasil, segundo o IBGE.[2] Essa população de "produtores por conta própria" é de pouco mais de 74% do "pessoal ocupado" na agricultura, vinculada a "estabelecimentos familiares" (Censo Agropecuário de 2006), enquanto os estabelecimentos patronais

---

[2] Segundo o IBGE (Censo Agropecuário de 2006), do total do território nacional (851,5 milhões de ha), a "área urbanizada" é de apenas 2,07 milhões de hectares (0,3%), tudo o mais constituindo área rural, sob diferentes titularidades (estabelecimentos rurais, área indígena, unidades de conservação, áreas aquáticas, áreas com outras ocupações).

ocupavam, sob diversas formas de assalariamento, apenas cerca de 25% da força de trabalho rural.

17. Os "agricultores familiares", conquanto desempenhem importantes funções sociais: produtores de alimentos, guardiões do território, gestores de uma *oiko-nomos* rural, policultores de vocação agroecológica e, por decorrência, guardiões da biodiversidade, situam-se em posição imensamente desfavorável na estrutura de produção agrária, atualmente muito ligada a monocultivos vinculados a mercados mundiais organizados em função das *commodities*.

18. A expansão recente (anos 2000) de monoculturas ou de *plantations* (soja, milho, cana, florestas plantadas, pecuária de corte etc.), sob o influxo da valorização das *commodities*, elevação do preço das terras e forte especulação do Brasil nos mercados mundiais de produtos primários, se dá sob condições de paralela "grilagem" ou acaparação das terras e das estruturas produtivas típicas dos camponeses pobres e povos indígenas.

19. Os relatórios anuais da CPT e do CIMI (2012) nos dão clara informação sobre o aumento do conflito agrário em relação à disputa pela terra dos camponeses e povos indígenas, conflito este que é alimentado pela omissão tácita ou explícita dos organismos governamentais encarregados da política fundiária

(INCRA, IBAMA, Instituto Chico Mendes, FU-NAI). Particularmente no Estado de Mato Grosso do Sul, a etnia Guarani-Kaiowá, na primeira década dos anos 2000, sofre uma verdadeira situação de genocídio: por volta de 50 suicídios por ano (611 em 13 anos), para uma população total de 45 mil indígenas, confinada em reservas e aldeias inviáveis. Esta proporção de suicídios da população Guarani--Kaiowá, ao longo de 13 anos, situa-se no trágico patamar de 111 pessoas por 100 mil habitantes. A média de suicídios da população brasileira no período é de 4,7 por 100 mil.[3] Outra grave situação a suscitar julgamento ético no contexto dos clamores da situação agrária é a taxa de mortalidade especí-fica por causas externas.

20. As muitas formas de violência que atingem os po-vos indígenas de maneira destacada estão também presentes, sob diferentes formas, em praticamente todas as categorias de campesinos, em geral ligadas à posse e ao uso da terra e às relações de trabalho daí derivadas. Mas também a população urbana bra-sileira, concentrada em pouco mais de 2 milhões de hectares dos 851 milhões de hectares do território nacional, sofre consequências graves da estrutura fundiária rural. Não podemos ficar indiferentes

---

[3] Cf. Sistema de Informações sobre Mortalidade do Ministério da Saúde – C. 9.

diante das situações de diversos grupos sociais diretamente ligados à terra – indígenas, quilombolas, acampados, assentados, pescadores artesanais e pequenos produtores familiares, correspondentes a mais ou menos 3/4 da população rural, definida legalmente como "agricultores familiares". A população urbana usufrutuária dos fluxos contínuos de recursos naturais – águas, biodiversidade, climas, meio ambiente etc. – sofre as consequências, sob a forma de riscos ambientais crescentes, que também incidem sobre suas condições de vida urbana. É particularmente preocupante a situação das populações urbanas residentes em zonas baixas ou encostas de morros, frequentemente afetadas pelo regime de chuvas torrenciais ou pelos alagamentos urbanos decorrentes de certa dilapidação dos recursos hídricos. Como pastores, abrimos os ouvidos e o coração para ouvir e acolher os clamores daqueles que sofrem as duras consequências de situações injustas e opressoras.

1.1 O CLAMOR DOS POVOS INDÍGENAS

21. Um clamor diuturno nos chega das comunidades indígenas. Desde o tempo da colônia, seus territórios sofreram um processo contínuo de invasão que se estende até os dias de hoje. Em nome do progresso e do desenvolvimento, os povos indígenas foram

esbulhados dos territórios que ocupavam e encurralados em diminutas áreas, que não lhes garantem a sobrevivência física e cultural. Em diversas áreas, das quais foram espoliados, se desenvolveram projetos governamentais e particulares de ocupação não indígena. Parcelas de terra foram vendidas inclusive para pequenos agricultores.

22. Em 1974, com o apoio do então recém-criado CIMI, os povos indígenas se reuniram na primeira assembleia de líderes indígenas. De lá para cá, eles cresceram em articulação, autonomia, e suas lutas se multiplicaram. Entretanto, os dados do CIMI nos dizem que só foram regularizadas 405 das 1.044 áreas indígenas existentes.[4] A soma de todas as áreas indígenas regularizadas é menor do que a soma dos pouco mais de 15 mil latifúndios com área superior a 2.500 hectares.[5] E, mesmo assim,

---

[4] Em 1980, nasceu a União das Nações Indígenas, e o movimento indígena se consolidou ao redor de três bandeiras: a luta pelos territórios, a participação nas políticas indigenistas e a urgência de uma sempre maior articulação entre as nações indígenas. Em 1988, a Constituição Federal reconhecia os direitos inegociáveis dos povos indígenas e, no artigo 67 da ADCT, estabelecia: "A União concluirá a demarcação das terras indígenas no prazo de cinco anos, a partir da promulgação da Constituição". Esta determinação constitucional está muito longe de ser cumprida.

[5] A área ocupada pelas 405 terras indígenas regularizadas é de 97.917.083 hectares, e a área ocupada pelos 15.012 estabelecimentos rurais com mais de 2.500 hectares é de 98.480.672 hectares. As demais terras indígenas se encontram na seguinte situação: declaradas 58, identificadas 37, a identificar 154, sem providência 339, reservadas/dominiais 40, com restrição 5, GT

é muito comum se ouvir, sobretudo de políticos da bancada ruralista e de outras autoridades, que há muita terra para pouco índio.

23. Preocupa-nos também, além do atraso no processo de regularização dos territórios indígenas, a pressão e a invasão que muitas dessas áreas regularizadas sofrem para retirada de madeira, exploração de minérios, construção de barragens para hidrelétricas e outras atividades, muitas vezes ilegais.[6] Tudo isso acontece no âmbito da legalidade, mas o direito de propriedade sancionado pela lei está em conflito com o direito ao uso do solo advindo de uma ocupação e de uma pertença cujas origens se perdem no tempo. As populações indígenas, que em sua cultura e espiritualidade consideram a terra a base de todos os valores e o fator que une e alimenta sua identidade, perderam o direito legal à propriedade das terras nas quais viviam há séculos.[7]

24. Esse esbulho dos territórios indígenas lhes limitou o espaço vital, necessário para a reprodução da

---

constituído no MS como terra indígena 6 (fonte: CIMI, 23/11/2012: <www.cimi.org.br/site/pt-br/?system=paginas&conteudo_id=5719&action=read>).

[6] O CIMI informa que, em 2011, foram registrados 42 casos de invasão e exploração ilegal de recursos naturais. Em 2010, haviam ocorrido outros 33 casos.

[7] PONTIFÍCIO CONSELHO JUSTIÇA E PAZ. *Para uma melhor distribuição da terra*, n. 11.

vida da família e do grupo, e provocou a extrema violência de que sofrem.[8]

25. No Congresso Nacional tramitam, também, vários projetos de lei que propõem a redução de direitos tão duramente conquistados. A PEC n. 215, por exemplo, quer retirar a competência do Executivo na definição dos territórios indígenas, passando-a para o Senado. Se o Executivo é tão lento na definição e regularização desses territórios, o que será quando isso passar para o Congresso, onde uma grande bancada se opõe ferrenhamente aos interesses de grupos minoritários em nosso país?

26. O próprio Executivo, recentemente, baixou uma portaria na qual determina que, para a identificação e regularização de territórios indígenas, deve-se ouvir primeiro o Ministério de Minas e Energia. Mesmo tendo o STF definido que as condicionantes estabelecidas em relação à Terra Indígena Raposa Serra do Sol não se aplicam a outras áreas, o Executivo se nega a cancelar a Portaria n. 303

---

[8] O CIMI constata uma média de 55 assassinatos por ano, entre 2003 e 2011, com um total de 503 mortos. Em 2011, foram 51 vítimas. Outro dado alarmante é o alto número de suicídios, sobretudo entre os Guarani-Kaiowá, já mencionado. Entre 2000 e 2011, foram registrados 555 suicídios. Isso, segundo vários pesquisadores, se explica pela falta de perspectivas de futuro. Os Guarani-Kaiowá do Mato Grosso do Sul são exemplo vivo desta brutal realidade: boa parte deles vive em acampamentos à beira das estradas e são tratados como intrusos em sua própria terra.

da Advocacia Geral da União, que estende a todas as áreas indígenas aquelas condicionantes. Os interesses econômicos se sobrepõem aos direitos imemoriais das comunidades indígenas sobre seus territórios. Também a estrutura da FUNAI foi modificada e seu papel foi reduzido e enfraquecido.

27. Exemplo concreto da letargia na demarcação das terras indígenas é o caso mais recente apontado pelo Regional Nordeste 3 da CNBB (Sergipe e Bahia), relativamente à terra indígena Tupinambá de Olivença. O processo legal de identificação teve início em 2004, e ficou completamente concluído em 2009, para uma área de 47 mil hectares, com aprovação pela FUNAI (D.O.U. 20/04/2009), mas até o presente não está concluído no Ministério da Justiça, não obstante inúmeras ações de violência a que têm sido vitimados a comunidade Tupinambá e pequenos produtores, especialmente no segundo semestre de 2013.

28. Em muitos estados, os índios estão exigindo a devolução de uma pequena parcela das áreas das quais foram esbulhados, sob os mais diferentes artifícios. Com isso, multiplicam-se os conflitos, inclusive com os pequenos agricultores nelas instalados. Conflitos explorados e incentivados por políticos e grandes proprietários e que criam um ambiente altamente hostil aos povos indígenas. Diante disto,

o Conselho Episcopal Pastoral da CNBB disse que a Igreja "se une à angústia dos povos indígenas e agricultores diante da inércia do governo federal e dos respectivos governos estaduais em solucionar verdadeira e definitivamente os crescentes conflitos fundiários que envolvem estes nossos irmãos".

1.2 O CLAMOR DOS QUILOMBOLAS

29. Em 1980, o documento da CNBB intitulado *Igreja e problemas da terra*, apesar de seu grito profético, ainda não explicitava a opressão das comunidades quilombolas presentes no nosso país. Os negros sofreram toda sorte de humilhação e violência durante a escravidão, e a eles se negou o direito à terra ao se anunciar sua "liberdade". Na busca pela liberdade, os negros construíram espaços de vida livre que se chamaram "quilombos".[9]

30. Até 2011, depois de mais de 20 anos, somente 111 das 2.847[10] comunidades quilombolas existentes no

---

[9] Em 1978 teve sua origem o Movimento Negro Unificado contra a discriminação racial (MNU). As lutas e a resistência das comunidades de afrodescendentes fizeram com que a Constituição de 1988 reconhecesse o direito dos negros aos territórios que ocupavam. Assim diz o artigo 68 das ADCT: "Aos remanescentes das comunidades dos quilombos que estejam ocupando suas terras é reconhecida a propriedade definitiva, devendo o Estado emitir-lhes os títulos respectivos". Em 1989, finalmente, a lei Caó, de autoria do deputado Carlos Alberto de Oliveira, definiu o racismo como crime.

[10] 175 na região Sul, 442 no Norte, 1.724 no Nordeste, 375 no Sudeste e 131 no Centro-Oeste.

Brasil tinham sido tituladas, beneficiando 11.588 famílias, com 963.058 hectares, menos de 10% da área ocupada pelos latifúndios com mais de 2.500 hectares. Além de não terem seus territórios reconhecidos, os quilombolas sofrem toda sorte de pressão e violência para dar espaço a grileiros, fazendeiros, empresários, e a projetos governamentais que querem se apoderar das terras que ainda hoje ocupam.[11]

31. São preocupantes os ataques violentos e sistemáticos que as comunidades quilombolas vêm sofrendo contra seus direitos duramente conquistados. Proliferam no âmbito do Congresso Nacional projetos de lei que buscam restringir os direitos que lhes garantem o acesso a terra.[12]

---

[11] Em 2010, a CPT registrou 71 comunidades em conflito pelo seu território, em 8 estados, envolvendo 5.926 famílias. Em 2011, esse número cresceu para 100 comunidades em conflito, em 11 estados, que atingiram 7.692 famílias. As principais formas de agressão e violência são: a expulsão de suas terras com destruição de suas casas e roças, os despejos judiciais, as ameaças de morte e os assassinatos. Entre as 347 pessoas ameaçadas de morte, registradas pela CPT, em 2011, 77 são quilombolas. Em 2012, três quilombolas sofreram tentativa de assassinato, e outros três foram assassinados.

[12] Alguns partidos acionaram o Supremo Tribunal Federal para que declarasse inconstitucional o Decreto 4887/2003, que regulamentou o procedimento para identificação, reconhecimento, delimitação, demarcação e titulação das terras ocupadas por remanescentes das comunidades dos quilombos. Outro instrumento utilizado para penalizar as comunidades quilombolas e abrir caminho para a invasão de suas terras é a cobrança, em "terras de preto", do Imposto Territorial Rural com valores insuportáveis e que, em alguns casos, chegaram a milhões de reais.

1.3 O CLAMOR DOS SEM-TERRA E DOS ASSENTADOS

32. Os inúmeros acampamentos formados por barracas de lona preta à beira das estradas são uma paisagem que ora cresce ora se esvazia, em decorrência de variados fatores: emprego, acesso à terra ou desalento por abandono das promessas de assentamento agrário, depois de longa espera – cinco, dez ou mais anos de acampamento.

33. A resposta a esta demanda tem sido muito limitada. Nos anos de 2003 a 2011, conforme dados precários fornecidos pelo INCRA, o acesso à terra pela via dos assentamentos foi da ordem de 613 mil famílias.

34. Mas desde 2010, segundo os mesmos dados oficiais, o Programa de Assentamentos vem sendo abandonado, cuidando apenas de repor famílias em projetos preexistentes. O Programa de Assentamentos como um todo passa por completa paralisia, seja dos novos projetos implantados, seja das famílias assentadas em projetos preexistentes (cf. Anexo 3, Tabela 2).

35. A paralisia do Programa de Assentamentos é apenas sintoma da paralisia da reforma agrária. O verdadeiro abandono da reforma agrária já se dera antes, pela não aplicação sistemática da regra constitucional de cumprimento da função social da propriedade (art. 186 da CF), tanto naquilo que é regulamentado desde 1993 (Lei Agrária n. 8.629/1993) – os critérios de utilização produtiva –, quanto naquilo que

permanece letra morta até o presente – a norma ambiental-sanitária e a norma referente às legítimas relações de trabalho, arbitrariamente excluídas da Lei Agrária.

1.4 O CLAMOR DOS RIBEIRINHOS E PESCADORES

36. Outra situação de opressão é a vivida pelos ribeirinhos, sobretudo da Amazônia, e pelos pescadores e pescadoras artesanais que, hoje, veem seus territórios sendo invadidos e ocupados, atropelando seu tradicional modo de viver e de lidar com a natureza, de raízes profundas, transmitidas de geração para geração.

37. A pesca artesanal não é somente uma profissão. É um jeito de viver, de se relacionar com a natureza. Ela é responsável também pela manutenção de diversos ecossistemas existentes no país, pois as comunidades pesqueiras extraem da natureza o que ela é capaz de repor, conciliando, de forma harmoniosa, a sua sustentabilidade e a sustentabilidade ambiental dos recursos utilizados. Essa relação é caracterizada principalmente pelo conhecimento que as comunidades têm da natureza e pelo respeito por ela.

38. Para ribeirinhos e pescadores, o espaço que ocupam é seu território de uso coletivo para sustento da família, da comunidade e dos estoques pesqueiros

nos espaços terrestres, dos rios, lagos, lagoas e do mar. Ribeirinhos e pescadores não vivem só na água, precisam da terra e da água, dos mangues e das matas ciliares.

39. Esses territórios tradicionais são considerados espaços vazios, sendo disputados por grandes empreendimentos empresariais da construção civil, do turismo, para a implantação de parques aquícolas, e por projetos de produção de energia, com a construção de grandes barragens e de parques eólicos. Os ganhos econômicos não contabilizam os rios destruídos, os estuários afetados, as populações expulsas, os estoques pesqueiros diminuídos. Além disso, desde 2003, estão em curso planos de privatização de corpos d'água para os aquicultivos, seja do mar, seja dos rios.[13]

40. Para satisfazer os interesses do capital em suas diversas atividades, prejudica-se o pescador e nega-se o valor da pesca artesanal como atividade importante para a economia brasileira, para a soberania alimentar e para a diversidade cultural do país. Ribeirinhos e pescadores acabam sendo vistos

---

[13] A carcinicultura (criação de camarão em cativeiro) é exemplo disso e está deixando um rastro de violência e insustentabilidade, com degradação das áreas de manguezais. As fazendas de carcinicultura utilizam, em grande quantidade, produtos e antibióticos que contaminam as águas e representam um significativo impacto potencial para a saúde humana.

como entraves para o desenvolvimento, e com base nisso se justifica a apropriação dos territórios que ocupam. Muitas ilhas e ilhotas, importantes para o trabalho e segurança das comunidades pesqueiras, estão sendo tomadas, de forma ilegal e com a conivência do Estado, para nelas se desenvolverem grandes empreendimentos de luxo como resorts, marinas, campos de golfe, entre outros. Os ribeirinhos e os pescadores expulsos dos locais onde suas comunidades e famílias, há dezenas de anos, se estabeleceram, são obrigados a migrar para outros lugares de pesca ou para centros urbanos.

41. Para se libertar dessa opressão, o Movimento dos Pescadores e Pescadoras Artesanais (MPP), a partir da I Conferência da Pesca Artesanal, realizada em Brasília, em setembro de 2009, fortaleceu sua organização e sua resistência ao modelo de desenvolvimento que esmaga as comunidades pesqueiras, a partir de grandes projetos que concentram a riqueza e degradam o meio ambiente. Suas principais bandeiras de luta são a defesa do território e do meio ambiente; o respeito aos direitos e igualdade para as mulheres pescadoras, a garantia de direitos sociais, a luta por condições adequadas para produzir e viver com dignidade.[14] A mais recente iniciativa assumida

---

[14] <http://cppnorte.wordpress.com/carta-do-movimento-dos-pescadores-e--pescadoras-artesanais/>.

pelos ribeirinhos e pescadores e pescadoras artesanais foi convocar a sociedade para a "campanha pela regularização dos territórios das comunidades pesqueiras", um projeto de lei de iniciativa popular que tem como objetivo assegurar o reconhecimento, a proteção e a garantia do direito ao território de comunidades tradicionais pesqueiras.

1.5 O CLAMOR DOS PRODUTORES FAMILIARES

42. Os agricultores familiares ganharam status legal de categoria socioeconômica merecedora de política própria (Lei n. 11.328, de 24 de junho de 2006). Esse reconhecimento legal corrobora outros tantos conceitos legais anteriores: Propriedade Familiar (Lei n. 4.504/64), Regime de Economia Familiar (Lei Complementar n. 11/71), conceito recepcionado pela Constituição de 1988, e Pequena Propriedade (Lei n. 8.629/93), que, de certa forma, institucionalizam os camponeses na política agrária, mas sem utilizar a expressão. Os resultados concretos dessa institucionalização são contraditórios: há, de um lado, mudanças positivas na política social, ligadas ao reconhecimento pragmático do "regime de economia familiar" na Previdência Social (institucionalização da Previdência Social nas marcas da Constituição de 1988) e, por outro lado, certo abandono da agricultura familiar enquanto

produtora de alimentos, reflexo da excessiva ligação da política agrícola com as prioridades do agronegócio. A política de fomento econômico ao agricultor familiar está muito aquém da similar política do agronegócio. As exceções de praxe, a exemplo do PAA (Programa de Aquisição de Alimentos da Agricultura Familiar), confirmam a regra.

43. Em termos práticos, os dados censitários mais recentes apontam para melhorias na distribuição da renda monetária rural (Censos Demográficos de 2000 e 2010 – Tabela 3, Anexo 4), que, contudo, não são corroboradas por melhorias na distribuição da produção, ora em fase de maior concentração. Quanto ao emprego do conceito legal de "agricultura familiar", não há como fazer comparações com o passado, porque o primeiro Censo Agropecuário da Agricultura Familiar é de 2006. Mas há evidências que apontam nesse sentido (ver Tabela 4, Anexo 4), como há evidências da concentração da propriedade da terra, já aqui referida.

1.6 O CLAMOR DAS CIDADES

44. O atual processo de concentração demográfica esvazia municípios com menos de 50 mil habitantes, que correspondem a cerca de 30% da população total atual. Esses municípios são diretamente afetados

pela condições de vida e trabalho no meio rural tradicional.[15]

45. A vida urbana contemporânea liga-se integradamente ao espaço rural pela coabitação e dependência dos recursos naturais – água, principalmente –, mas também pela busca de alimentos saudáveis e diversificados. Ademais, as catástrofes, oriundas das mudanças climáticas, não são independentes do modelo de exploração agrícola.

46. A própria terra está revelando sinais. A crescente onda de cataclismos ambientais, como enchentes sem controle, deslizamentos de encostas que tudo carregam, secas prolongadas que destroem plantações, esgotam fontes e mananciais, tornam impossível a vida animal e até mesmo a humana, e fazem elevar um grito surdo de dor e desespero de centenas de milhares de famílias que são vítimas dessas tragédias.

47. As catástrofes naturais, resultado também das mudanças climáticas que acompanham o aquecimento global, cientificamente comprovadas, têm afetado

---

[15] Este espaço convencional (rural) hoje (2010) contém apenas 15,6% da população total, com cerca de 29,8 milhões de pessoas, muito embora abranja 849,4 milhões de hectares ou 99,7% do território nacional. Por outro lado, as condições de vida da população urbana – 160,9 milhões de pessoas (84,4%) –, principalmente dos mais pobres, são também fortemente afetadas pelas formas como o sistema agrário brasileiro é tratado, sob o enfoque de gestão e uso do território.

pessoas e povos em todo o mundo. A responsabilidade por este aquecimento é, em grande parte, do ser humano, por causa do modelo de desenvolvimento e do estilo de vida adotado. O Brasil é o sétimo maior país provocador do efeito estufa, e o desmatamento intensivo é o principal componente negativo desse modelo econômico.[16]

48. Essas catástrofes naturais nos fazem refletir e apontam para a necessidade de se imprimir, com urgência, um novo rumo ao processo de desenvolvimento. As mudanças climáticas estão provocando mudanças drásticas também na agricultura. Menos solos disponíveis, menos água, alternância de secas e enchentes, mais doenças, mais pragas geram uma intensa instabilidade agrícola, com a possível migração de plantios de uma região para outra. Nesse cenário, o Brasil tende a perder espaços agrícolas, particularmente no Norte e Nordeste, e a perder também sua biodiversidade e sua diversidade produtiva. Outras áreas extensas tendem à desertificação, tornando-se impróprias para pessoas e agriculturas.

49. Por sua vez, a crescente concentração da população urbana e especialmente metropolitana, constatada

---

[16] Apesar de o ritmo do desmatamento ter diminuído, ainda é muito grande: 93% da Mata Atlântica já foi destruída, 67% do cerrado já sofreu modificação, a caatinga já teve sua vegetação reduzida pela metade, e a floresta amazônica já perdeu em torno de 18% de sua cobertura vegetal.

no Censo Demográfico de 2010, com 160,9 milhões de pessoas residentes em espaços urbanos (84,4%), levanta a importante questão da ocupação do solo urbano diante dos riscos sociais e ambientais de catástrofes climáticas, cujas vítimas primeiras são as populações de periferia, residentes em zonas de risco ambiental. Riscos sociais e ambientais crescentes nos espaços urbanos também estão associados aos direitos de propriedade fundiária absolutos no espaço rural, denotando sua profunda relação com graves consequências para toda a sociedade.

1.7 O GRITO DOS ASSALARIADOS E DOS TRABALHADORES EM SITUAÇÃO ANÁLOGA À ESCRAVIDÃO

50. Outro grito que sobe aos céus é o dos homens e mulheres assalariados no campo, e que no seu trabalho são submetidos a condições degradantes, análogas ao trabalho escravo.

51. Esses trabalhadores são levados de lugares distantes e colocados em áreas de trabalho de difícil acesso. São enganados com promessas fáceis, ludibriados nos contratos, e acabam explorados no trabalho e colocados em condições degradantes. Quando adoecem, não têm o menor atendimento. Frequentemente, são alojados em espaço sem qualquer cuidado e segurança. Muitos, na hora do acerto, não

recebem o que deveriam receber, e alguns ainda sofrem ameaças, quando não são mortos.

1.8 Os clamores da terra

52. Os sinais emitidos pela própria natureza e uma nova leitura científica do nosso planeta mostram que a terra tem suas próprias leis, que precisa de determinada cobertura vegetal para seu próprio metabolismo, e que o regime das águas depende da vegetação. Enfim, há uma intrincada rede de conexões entre seres vivos e não vivos necessária para a existência de todas as formas de vida. A substituição dessa cobertura vegetal natural pelos monocultivos intensivos e extensivos está provocando a degradação dos mananciais de água, sua poluição acelerada, e isso já se faz sentir na exaustão de rios e aquíferos e na impossibilidade de uso da água para fins de abastecimento humano.

53. No Brasil, uma contínua expansão do agronegócio, especialmente dos monocultivos de soja, milho, cana, florestas plantadas e da pecuária bovina, avança com enorme voracidade sobre os biomas da Amazônia, do cerrado e do Pantanal, e está se intensificando ainda mais na Mata Atlântica, no pampa e em determinadas zonas úmidas do

semiárido.[17] A incorporação dessas novas e imensas áreas tem provocado a depredação desse rico patrimônio natural, responsável pelo equilíbrio do clima em todo o planeta, e das mais ricas fontes de água subterrânea do mundo, os aquíferos, de onde brotam boa parte dos rios que formam as principais bacias hidrográficas brasileiras.

54. A expansão agrícola, sob a hegemonia do capital financeiro e do lucro, levou para o campo o modo industrial de produção, substituindo as policulturas por monoculturas, que mais se parecem com desertos verdes, numa veloz destruição da fauna e da flora locais, levando à extinção de diversas espécies e afetando, de forma brutal, toda a biodiversidade existente.

55. As frentes de produção de *commodities* se expandem sem nenhum limite da propriedade, sem levar em conta o zoneamento agroecológico nos biomas, sem a devida responsabilidade na gestão das águas, das florestas e dos demais recursos naturais do meio ambiente. Quase sempre se impõem custos sociais insuportáveis, carregados por toda a nação,

---

[17] Segundo dados do Censo Agropecuário de 2006, a expansão pecuária bovina está ocorrendo principalmente na região Norte, sendo o Estado do Pará o campeão (seu efetivo bovino dobrou de 6 para 12,8 milhões de cabeças entre 1995 e 2006), enquanto a expansão de *commodities* agrícola se dá mais acentuadamente nos cerrados.

enquanto os benefícios monetários são exclusivos dos que controlam, de fato, as terras e regulam os preços das *commodities*.

56. A expansão agrícola, produtora de *commodities*, veio acompanhada do uso intensivo de agrotóxicos. Mais de 1 bilhão de litros de agrotóxicos são despejados anualmente sobre os solos brasileiros, gerando problemas ambientais de contaminação do solos e dos corpos de água, com consequências inevitáveis e imprevisíveis para os mananciais superficiais e subterrâneos. Além disso, geram problemas para a saúde, sobretudo das pessoas que manipulam esses produtos e das famílias que vivem no entorno das grandes fazendas, sobre cujas extensas plantações os aviões despejam esses agrotóxicos.

57. Esse padrão químico-industrial de produção tem evidentes impactos estruturais sobre as interações da natureza, seus micro-organismos, cadeias de biodiversidades, polinizadores naturais, como as abelhas, complexidade dos sistemas ecológicos etc., eliminando-os gradualmente em troca de uma crescente dependência de insumos comprados. O mesmo processo também se dá com a diversidade de policulturas dos alimentos, reduzidas a uma lista pequena, homogênea e biologicamente pobres de espécies de sementes, criadas em laboratórios para se adaptarem à monotonia do padrão industrial. É

cada vez mais evidente a ampliação dos riscos ambientais impostos por esse padrão de crescimento agrícola.

58. A produção de agrocombustível, por outro lado, que tem sido alardeada como um grande avanço, tem efeito perverso sobre o meio ambiente. Grandes áreas, antes destinadas à pecuária, estão sendo atualmente usadas para plantio de cana-de-açúcar e de soja; dessa forma, a pecuária é empurrada para outras áreas ainda preservadas, colocando em risco a soberania alimentar do nosso país.

2. A nova expansão primário-exportadora, suas implicações sociais e os rumos da agricultura familiar

2.1 A DEPENDÊNCIA EXTERNA

59. Desde o início desta primeira década do século XXI, a orientação da política econômica comum dos governos que se sucederam tem sido a de conceder máxima prioridade às exportações primárias: produtos agropecuários, minerais e petróleo bruto. Dessa forma, o país se relançou no comércio mundial em expansão, na condição de grande provedor de algumas *commodities* e, ao mesmo tempo, retrocedeu relativamente no comércio de manufaturados.

60. Com essa nova especialização em *commodities*, reestruturam-se as várias cadeias produtivas ligadas às produções primárias da cana-de-açúcar (agroindústria sucroalcooleira), da soja e do milho (vinculados às rações animais), das florestas homogêneas plantadas (papel e celulose) e das carnes (bovinocultura, avicultura e suinocultura). Estas cadeias produtivas, em conjunto, expandem fortemente a produção e exportação das *commodities* por meio dos monocultivos.

61. Os novos papéis de abastecedor do etanol para as frotas automobilísticas do mundo, de provedor de matéria-prima mineral para a expansão asiática e de fornecedor de rações e das carnes bovina, de aves e suína, que o setor primário brasileiro se propõe a cumprir na agenda econômica externa brasileira, têm sido apresentados como solução para o problema do déficit externo, que se acumulara no período entre 1995 e 1999.

62. Mas esse arranjo de relações externas, ainda que promova, num primeiro momento, a solução conjuntural para o comércio externo, não resolve, mas sim agrava a dependência por recursos externos da economia brasileira na indústria e nos serviços, que vêm aprofundando suas posições deficitárias.

63. A dependência do conjunto da economia das exportações primárias contém várias armadilhas, além

das relações externas desiguais. Nos campos fundiário, ambiental e social recolocam-se assimetrias, em termos de graves dilemas ao desenvolvimento, que vão muito além da questão agrária de caráter setorial.

2.2 A ARMADILHA DA ESPECIALIZAÇÃO PRIMÁRIA EXPORTADORA PARA O DESENVOLVIMENTO DO BRASIL: DEPENDÊNCIA E DESIGUALDADE

64. A especialização primária no comércio mundial, sob orquestração do agronegócio e do setor mineral, tem, a nosso ver, causado grandes distorções em nosso sistema agrário. Entre os problemas mais graves, constatamos:

a) forte concentração da riqueza fundiária, sob a forma de especulação e apropriação das terras;

b) a superexploração de recursos naturais, sob o pretexto da busca do equilíbrio externo a qualquer custo, com graves danos à saúde, ao meio ambiente e à segurança e soberania alimentar;

c) a desocupação relativa e a superexploração do trabalho assalariado nesse processo de expansão e relativa estagnação da agricultura familiar. Até mesmo formas de trabalho escravo se constatam nesse ambiente, como o reconhece a própria Campanha da Fraternidade de 2014.

2.2.1 Concentração e supervalorização fundiária

65. A concentração e supervalorização das terras agrícolas, pecuárias e de reserva são, em parte, fenômenos conjunturais e, em parte, reflexo de uma estrutura agrária intocada e, também, em desacordo com as regras constitucionais da função social da propriedade. A valorização fundiária atual reflete em parte o ciclo de valorização das *commodities* e a entrada expressiva do Brasil nesse comércio mundial, fato que é comum a outras economias capitalistas e se manifesta pelo incremento dos preços das terras e arrendamentos rurais. Mas, entre nós, o processo de valorização é também incrementado pela forte injeção de dinheiro bancário, sob os auspícios das subvenções do crédito rural oficial e da política agrícola e comercial.

66. Por sua vez, a concentração fundiária no Brasil conta, de longa data, com o instituto da grilagem criminosa de terras públicas e devolutas, favorecida pelo permanente descontrole do poder público na execução legítima da política fundiária.[18]

---

[18] Exemplos recentes: a Medida Provisória n. 458/2009, convertida na Lei n. 11.952/2009, legalizou 67,4 milhões de hectares de terras públicas a grileiros, autodenominados empresários rurais, que ocupam ilegalmente terras da União; a não atualização, pelo poder Executivo, dos índices de produtividade, previstos na Lei Agrária (Lei n. 8629/1993) como critério definidor da "propriedade produtiva", não obstante sua desatualização óbvia, por serem, ainda, dados do regime militar, baseados nos dados do Censo Agropecuário de 1975;

67. O IBGE, no Censo Agropecuário mais recente (2006), indica o tamanho da concentração fundiária, por meio de conhecido indicador (índice de GINI).

68. Sobre a terra de exploração imediata, os dados recentes do Censo Agropecuário dão conta do enorme incremento observado entre 1996 e 2006, quando a produção de *commodities* se expandiu, de maneira rápida e horizontal, especialmente nos biomas dos cerrados e da Amazônia. O IBGE, porém, não registra a expansão da terra destinada à especulação, que é muito maior e não aparece nos dados do Censo Agropecuário. Trata-se de um movimento ilegal, no mercado de terras de grandes dimensões, resultado da velha instituição clandestina brasileira – a "grilagem" sobre terras públicas.[19]

---

o Projeto de Emenda Constitucional n. 215/2000, recentemente aprovado pela Comissão de Constituição e Justiça da Câmara, manifesta a pretensão dos ruralistas, no Congresso, de retirar do Poder Executivo a competência para demarcar terras indígenas. Se sancionada, vai enfraquecer os direitos dos povos indígenas e quilombolas e poderá atrasar, se não paralisar, o processo de demarcação de suas terras, facilitando a concentração de terras na mão de grandes fazendeiros e grandes empresas transnacionais; a Lei n. 11.284/2006 autorizou a concessão de uso de áreas imensas de florestas públicas para nelas, durante décadas, realizar o chamado manejo florestal, que o poder público não tem condições mínimas de fiscalizar.

[19] Podemos ter a noção do incrível tamanho do mercado de terras griladas ou acaparadas, fazendo uma conta muito simples: totalidade do território nacional: 851 milhões de hectares; totalidade das terras de direito, incluindo: a) total de estabelecimentos recenseados; b) terras indígenas; c) unidades de conservação ambientais; d) superfícies aquáticas; e) zonas urbanas; f) assentamentos rurais; g) terras de órgãos públicos registradas: 541 milhões

2.2.2 Superexploração de recursos naturais

69. O estilo de expansão agrícola impelido pela demanda externa de *commodities* não é novo em nossa história econômica. A novidade está no fato de esta relativamente madura sociedade urbana e industrial do século XXI deslocar seu eixo dinâmico de crescimento para os setores produtores de *commodities*.

70. Com a justificativa de equacionar certo padrão de desequilíbrio externo, o país está caindo numa grave armadilha. A lógica estrita do mercado capitalista exige a completa "mercadorização" das terras e dos recursos naturais, essenciais à vida humana e animal. É a lógica de quem não se preocupa com as necessidades humanas nem com a prevenção dos riscos ambientais, lesando os direitos de toda a sociedade e, de maneira especial, dos mais pobres.

71. O atual padrão de economia dos mercados – assim como foi a economia do socialismo real – guia-se por princípios do utilitarismo individual e maximização de resultados monetariamente mensuráveis. Aquilo que é dom gratuito de Deus – a natureza –, que não é produzido pelo trabalho humano (solos,

---

de hectares; "outras ocupações" não registradas: 310 milhões de hectares. Ou seja, terras correspondentes a mais de um terço do país foram, aparentemente, griladas ou estão cercadas, mas não pertencem a quem as cercou, pois são terras públicas, devolutas ou não. São, portanto, terras que, pela Constituição de 1988, deveriam ser destinadas à reforma agrária.

águas, florestas, biomas e ecossistemas vitais etc.), é percebido pelos mercados só como "vantagens comparativas naturais" a serem transformadas em mercadorias, ao menor custo monetário. Os custos sociais dessa conversão, como a perda da biodiversidade, o desbarrancamento e assoreamento dos rios, a poluição das águas, a destruição dos manguezais, os desmatamentos, entre outros, são pagos, invisivelmente, por toda a população, enquanto os lucros ficam concentrados nas mãos dos produtores das *commodities* e proprietários das terras. Essa é a rígida norma da repartição dos mercados, submetida à "ética" utilitária compulsória do "reino das mercadorias".

72. As recentes polêmicas no Congresso Nacional a respeito do Código Florestal (entre 2011 e 2012), até chegar ao texto aprovado pela maioria, evidenciam, de forma muito clara, a ideia da superexploração dos recursos naturais das matas ciliares e encostas de morros e da prioridade dos interesses imediatos a que tal orientação serve, além de legalizar a impunidade de quem cometeu crimes ambientais. O que ainda não está claro para o conjunto da população são as consequências de tal estratégia privatista.

2.2.3 Desocupação e exploração de trabalhadores e trabalhadoras

73. A Comissão Pastoral da Terra (CPT) levanta, sistematicamente, desde 1985, os conflitos agrários nos quais a posse da terra e o regime de trabalho vitimam milhares de trabalhadores. O documento da CNBB *Igreja e problemas da terra*, de 1980, já denunciava a existência do trabalho escravo. A essa dimensão da exploração do trabalho é necessário agregar outros enfoques de exploração do trabalho humano que acontecem atualmente.

74. A expansão agrícola não está promovendo um movimento simultâneo de crescimento do "pessoal ocupado na agropecuária", como é chamado pelo IBGE. Apesar de as "áreas de lavoura" terem aumentado em mais de 43%, entre o Censo de 1996 e o de 2006, o IBGE registrou forte queda nos indicadores da ocupação agrícola. O fenômeno da redução das ocupações agrícolas não é novo e se confirma a cada Censo. Contudo, a correlação claramente negativa entre a expansão agrícola do produto e/ou das áreas exploradas e as ocupações evidencia, ainda mais, a perda de relevância do emprego agrícola na chamada economia empresarial do agronegócio. Há indicações, que não podem ser comparadas retrospectivamente pelo Censo da Agricultura Familiar, de que a perda maior

de postos de trabalho aconteceu no segmento do agronegócio e não na agricultura familiar.

75. Os "estabelecimentos não familiares", como são definidos pelo Censo, ocupam apenas um quarto do total dos trabalhadores. Mas o que mais agrava a situação trabalhista são dois fatores, aparentemente contraditórios: a prescindibilidade e a superexploração.

76. Do primeiro fator, há uma vasta quantidade de indicadores empíricos que atestam, na economia empresarial, a presença simultânea de inovações mecânicas, químicas e biológicas que substituem, cada vez mais, o trabalho direto na agricultura.

77. Por outro lado, a massa, sempre decrescente, de trabalhadores assalariados – permanentes e temporários – que a economia do agronegócio contrata para as tarefas indispensáveis da produção é, conforme vários indicadores, submetida a condições de excessiva exploração. Há evidências de jornadas de trabalho extenuantes impostas pelo regime de cotas de produção (sobretudo na colheita da cana-de-açúcar) e, também, da exposição a riscos de contaminação com agrotóxicos e outros danos à saúde humana. Isto tem provocado forte aumento de doenças do trabalho na zona rural, pelo que mostram as perícias médicas do Instituto Nacional de Seguridade Social – INSS.

78. A evolução dos "auxílios-doença" concedidos ou "em manutenção", para os segurados rurais e urbanos da Previdência, entre 2000 e 2009, revela como que a ponta de um grave "iceberg" que merece atenção. Entre 2000 e 2005, cresceram mais de 100% os auxílios-doença totais, cujas causas, identificadas em perícias médicas, apontam, como principais tipos de enfermidade, as doenças osteomusculares, envenenamentos e acidentes e transtornos mentais e comportamentais.[20] Esse patamar manteve-se ao longo dos anos seguintes.

79. A submissão de trabalhadores rurais a condições análogas à de escravo, segundo conceito legal definido pelo artigo 149 do Código Penal Brasileiro, é outra chaga a denunciar relações de trabalho perversas constatadas em fazendas, fiscalizadas em todo o Brasil. Os dados oficiais do Grupo Especial de Fiscalização Móvel, coordenado pelo Ministério do Trabalho, com a participação da Polícia Federal e do Ministério Público do Trabalho, revelam a situação dramática de 34,7 mil trabalhadores resgatados nos últimos nove anos – uma média de quase 4 mil ao ano (ver dados da Tabela 1, Anexo 2). Nesse ínterim, tramitou por onze anos no Congresso Nacional uma Proposta de Emenda Constitucional

---

[20] Cf. dados citados e análise da situação em: DELGADO, G., op. cit., pp. 117-127.

(PEC n. 438-2001, apensada a partir de propostas apresentadas desde 1995), submetendo à expropriação o imóvel rural (ou, na última formulação, também o urbano) flagrado com trabalho escravo. O texto foi aprovado na Câmara em 2012 e continua ainda pendente de votação no Senado. A pressão dos ruralistas solicita uma revisão da conceituação legal do "trabalho análogo ao de escravo" a ser explicitada na regulamentação do texto, para que a legislação do art. 149, centrada na defesa dos valores da liberdade e da dignidade do trabalho, não se aplique ao caso específico desta PEC. Essa situação exige um julgamento moral, infelizmente muitas vezes divorciado do julgamento político das nossas instituições de Estado.

3. Sinais de esperança – os projetos alternativos em gestação

80. As muitas diferenças e até mesmo a contradição estrutural do projeto hegemônico da economia do agronegócio relativamente aos projetos e intuições de desenvolvimento da agricultura familiar, com sua rica diversidade cultural e regional, provocam conflito e desigualdade, como o demonstrou a precedente análise de situação. Mas é preciso esclarecer que também está vivo na realidade histórica do presente certo redespertar de esperanças, motivações

e articulações políticas, tendo em vista construir caminho alternativo ao sistema dominante.

81. O Estado, por meio de políticas públicas, também comparece em apoio a esses projetos de desenvolvimento pela via alternativa da denominada "economia familiar", promovendo ações públicas em várias instituições: Previdência Rural, Programa de Aquisição de Alimentos (PAA), Assentamento de Reforma Agrária, Programa de Crédito Rural (PRONAF) etc. Essas ações, contudo, não estão articuladas para estruturar nacionalmente um caminho alternativo de desenvolvimento rural.

82. Em foros oficiais e fora deles, os muitos grupos camponeses e de agricultores familiares – estes últimos legalmente designados – articulam-se autonomamente em movimento de autodefesa em primeiro plano, como também de construção dos seus projetos em vista de um "desenvolvimento rural sustentável e solidário". Conquanto haja muita diversidade cultural e regional nesses projetos, há uma agenda comum que pode ser resumida em quatro pontos, cujas demandas principais serão explicitadas na última seção deste documento:

a) produção diversificada de alimentos saudáveis com vistas a uma política concertada de soberania e segurança alimentar;

b) capacitação para utilização de métodos e técnicas agroecológicas compatíveis com meio ambiente sustentável;

c) utilização do trabalho familiar e de formas de cooperação interfamiliar como principal relação de trabalho na produção;

d) defesa dos direitos à "terra de trabalho" e reivindicação para acesso a mercados institucionais direcionados aos produtores familiares.

2ª PARTE

NOSSO OLHAR DE PASTORES SOBRE A ATUAL QUESTÃO AGRÁRIA

"Tomei conhecimento dos sofrimentos
de meu povo, desci para libertá-lo
e fazê-lo sair para uma terra boa e espaçosa."
(Ex 3,7-8)

1. A posse e uso da terra à luz da Palavra de Deus e dos ensinamentos da Igreja

83. A presença do Senhor na história do povo é sempre marcada pela fidelidade permanente à aliança estabelecida entre ele e o povo sofrido; aliança que, ao longo da história, se manifestou e continua se manifestando nas três ações divinas celebradas desde a memória da revelação do Senhor a Moisés no monte Horeb, quando ele se apresentou como o Deus que vê, ouve e conhece as angústias e o sofrimento dos oprimidos; o Deus que desce para dar-lhes terra, vida e liberdade, e o Deus que envia seus profetas com a mesma missão de defender a vida do povo sofrido (Ex 3,7-10).[21]

---

[21] Questionado por Moisés sobre sua identidade, Deus revela-se como uma divindade singular, diferente, quando comparada às divindades da época.

84. Hoje, mais uma vez, somos convocados por esta palavra a nos fazermos ouvintes atentos dos clamores do povo brasileiro, assumindo o compromisso de nos tornarmos, pela força do Espírito Santo e na fidelidade à Palavra de Deus, operadores de vida e de liberdade para todas as pessoas.

85. O Pontifício Conselho Justiça e Paz afirma que "a natureza profunda da criação é ser um dom de Deus ao ser humano, um dom para todos, e Deus quer que assim permaneça. Por isso, sua primeira ordem manda conservar a terra em sua natureza de dom e bênção, e não a transformar, pelo contrário, em instrumento de poder ou em motivo de divisão".[22] De fato, "cultivar e guardar" o jardim que acabara de criar é a primeira determinação de Deus ao homem (cf. Gn 2,15).

A resposta divina à questão mosaica soa como um convite a conhecer a divindade. A expressão "Eu sou aquele que sou" (Ex 3,14) é um nome que exprime ação e movimento, denotando a realidade de sua presença ativa e poderosa, de sua intervenção direta e de sua relação dinâmica com seu povo. É porque ele é o "Eu sou" que pode intervir na vida desse grupo e libertá-lo. Ele não é um Deus ausente, mas um Deus que está, que permanece, que é, de tal maneira que na tradição profética será identificado como *Emanuel*, Deus conosco (Is 7,14) (ALVES, Antônio Aparecido. *As escolas de formação fé e política*. Um estudo teológico a partir do ensino social da Igreja e da teologia latino-americana. Tese de Doutorado. Rio de Janeiro, Pontifícia Universidade Católica, 2010, p. 171).

[22] PONTIFÍCIO CONSELHO JUSTIÇA E PAZ. *Para uma melhor distribuição da terra*, n. 23.

86. A promessa da terra a Abraão e seus descendentes conserva esta mesma perspectiva (cf. Gn 12,1-7). A denúncia profética de que a terra foi profanada (cf. Is 24,5; Mq 2,2), quando a posse da terra em Israel passou a seguir diferentes critérios, tem por objetivo restaurar a relação originária com a terra: ela é dom, dom de Deus, e como tal está a serviço da vida e não pode servir a nenhum projeto injusto. "Ai dos que viveis juntando casas e mais casas, emendando terreno com terreno, até não sobrar espaço para mais ninguém" (Is 5,8). A legislação do Jubileu é uma tentativa de estabelecer como lei este princípio essencial da promessa (cf. Lv 25). Tão importante é a terra no projeto de salvação, que a consumação da aliança definitiva inclui uma nova terra junto ao novo céu (Ap 21,1).

87. A história da salvação nos revela que o nosso Deus não legitima e não compactua com nenhum projeto de dominação e de opressão. Ele sempre estará ao lado do humilhado e do oprimido, a quem chamará carinhosamente de meu povo – "Senhor, quem é semelhante a ti, que livras do mais forte o indefeso, o pobre e o desvalido, de quem o explora?" (Sl 35,10) –, e sua vontade é que "os humildes herdarão a terra, vão se alegrar com uma paz imensa" (Sl 37,11; Mt 5,4).

88. Muitas vezes, ao falar da terra do trabalhador, as Sagradas Escrituras usam a palavra "herança" para

indicar o direito inalienável que todos têm de viver e de gozar dos frutos da terra e de seu trabalho. É a palavra identificadora da posse da terra que é recebida em herança e deve ser deixada em herança. A preocupação com as futuras gerações está sempre presente. Inúmeras vezes os textos bíblicos repetem como um refrão: de geração em geração. É nossa responsabilidade entregar às futuras gerações, junto com o testemunho da fé, a terra que herdamos.

89. A terra não pode ser transformada em simples mercadoria[23] para produzir lucros, através da especulação ou da exploração do trabalho. "As terras não se venderão a título definitivo porque a terra é minha e vós sois estrangeiros e meus agregados" (Lv 25,23). Quando a propriedade e o uso da terra forem causa de pobreza e de opressão para as pessoas, tem-se a certeza de que a aliança com Deus foi rompida, que sua vontade foi desobedecida e que o pecado domina as relações entre as pessoas.

---

[23] "Entre as multíplices disposições inspiradas por Deus, que tendem a concretizar o estilo de gratuidade e de dom, a lei do ano sabático (celebrado a cada sete anos) e do ano jubilar (a cada cinquenta anos) se distingue como uma importante orientação – ainda que nunca plenamente realizada – para a vida social e econômica do povo de Israel. É uma lei que prescreve, além do repouso dos campos, a remissão das dívidas e uma libertação geral das pessoas e dos bens: cada um pode retornar à sua família e retomar posse do seu patrimônio (Compêndio de Doutrina Social da Igreja, n. 24).

90. Fiel a esta memória da salvação, em momento nenhum a Sagrada Escritura separa a fé no Deus criador da fé no Deus libertador. Ele, ao longo da história, continua eternamente fiel, ao lado dos pequeninos e dos últimos, com seu poder de vida. A bondade providente do Pai, fonte de vida e de alegria para seu povo (Sl 65,10-14; 68,9-10; 104,1-35), garante o direito e a justiça para sempre (Sl 89,11-14; 96,10-13; 98,7-9; 136,1-14; 147,6-9). São as duas certezas que animaram e continuam animando a resistência dos pobres.[24]

91. Toda a criação é dom, é mãe e é casa de todos nós. Falar da criação é falar da nossa casa bonita e aberta a todos e todas. Tudo que existe faz parte essencial da vida que nos foi dada e continua sendo dada pelo Criador.[25]

92. O conflito não é a única vertente a ser considerada. A palavra profética, tão dura contra quem é causa da injustiça e do sofrimento do mais fraco, torna-se extremamente exigente quando requer que nos convertamos à solidariedade e à fraternidade, abandonando todo sentimento de cobiça e de ganância,

---

[24] Cf. Sl 146,5-9.

[25] Muito importante, nesta visão holística, é a Declaração Universal dos Direitos da Mãe Terra, elaborada na Conferência Mundial dos Povos sobre Mudança Climática e Direitos de Pacha Mama, realizada em Cochabamba, Bolívia, em abril de 2010.

abrindo nossas mãos generosamente aos pobres, que sempre teremos entre nós (Dt 15,7-11), repudiando todas as formas de escravidão, de dominação, de discriminação, até que se realize o sonho do Pai e da comunidade: "Para que não haja pobres em teu meio, pois o Senhor seguramente te abençoará na terra que o Senhor teu Deus te dá em herança para que dela tomes posse, com a condição de obedecer à voz do Senhor teu Deus" (Dt 15,4-5).

93. É desta história da salvação que todas as comunidades eclesiais devem beber, descobrindo, atualizando e vivenciando os valores e os critérios essenciais, que foram guardados e são transmitidos, com todo cuidado e fidelidade, pelo magistério da Igreja. Sua aceitação e observância farão com que nossa história continue, ao longo dos tempos, sendo história de salvação.

94. As comunidades eclesiais, alimentadas pela certeza de que tudo "concorre para o bem dos que amam a Deus" (Rm 8,28), deverão sempre ser as testemunhas do Ressuscitado, viver segundo a "nova criatura", buscando sempre, em primeiro lugar, o Reino de Deus e a sua justiça, contra os falsos reinos geradores de injustiça e de morte. É o que o Espírito nos impele a fazer. Lutar, como Jesus, em favor da vida, contra todas as forças da morte e da

exclusão, buscando fazer com que a criação toda alcance a plenitude da vida que nela é contida.

95. A prática de Jesus de Nazaré foi e sempre será o mais perfeito indicativo de como se enfrentam os desafios que se colocam para a Igreja nos tempos atuais. Logo no início de sua vida pública, Jesus define sua missão referindo-se ao profeta Isaías: "O Espírito do Senhor está sobre mim, pois ele me ungiu para anunciar a Boa-Nova aos pobres: enviou--me para proclamar a libertação aos presos e, aos cegos, a recuperação da vista; para dar liberdade aos oprimidos e proclamar um ano aceito da parte do Senhor" (Lc 4,18-19).

96. O Concílio Vaticano II mostrou a urgência e a prioridade de dialogar onde estão acontecendo gritos da história humana. Tais gritos sinalizam a direção profética do testemunho dos cristãos e da ação da Igreja. "As alegrias e as esperanças, as tristezas e as angústias dos homens de hoje, sobretudo dos pobres e de todos aqueles que sofrem, são também as alegrias e as esperanças, as tristezas e as angústias dos discípulos de Cristo; e não há realidade alguma verdadeiramente humana que não encontre eco no seu coração. Porque a sua comunidade é formada por homens, que, reunidos em Cristo, são guiados pelo Espírito Santo na sua peregrinação em demanda do Reino do Pai, e receberam a mensagem da

salvação para comunicá-la a todos. Por este motivo, a Igreja sente-se real e intimamente ligada ao gênero humano e à sua história" (GS, n. 1).

97. Não se trata aqui de elaborar um longo e exaustivo tratado bíblico e teológico a respeito da posse e uso da terra, mas de recolher o que já é consenso na longa tradição da Igreja, em particular em nosso País. Trata-se de assumir um caminho percorrido e de destacar temas importantes e relevantes da visão cristã sobre a posse e o uso justo, solidário e fraterno da terra.

98. A sabedoria teológica, fruto dessa caminhada histórica, leva-nos a aceitar, proclamar e reviver valores importantíssimos que dizem respeito à posse e ao uso da terra e de suas riquezas, e que continuam exigindo nossa fidelidade por serem critério de nossa ação pastoral e parte integrante do nosso anúncio evangelizador.

99. O eixo da atual questão agrária no Brasil gira em torno do impacto da globalização financeira sobre as decisões de políticas públicas dos últimos governos, em particular na questão da posse e uso da terra. Há uma nítida opção por privilegiar o agronegócio como fator preponderante de equilíbrio na balança comercial e reservas financeiras do país. Tudo isso é consequência da prioridade dada ao desenvolvimento econômico. Essa prioridade chega

até a obscurecer os ganhos advindos da distribuição de renda dos programas sociais.

100. Este documento analisou, na sua primeira parte, a atual realidade da questão agrária no Brasil de hoje. Urge a nós, pastores, e a todos nós discípulos e discípulas de Jesus Cristo assumir o nosso compromisso profético diante de novos desafios da realidade atual. Trata-se de anunciar a Palavra da Vida e da urgência de transformar a situação dos que sofrem as consequências da hegemonia do capital financeiro, materializado nas políticas que privilegiam o agronegócio em expansão pelo país.

101. Este novo momento da questão agrária no Brasil de hoje pode bem ser iluminado pelos critérios teológicos e pastorais abordados, de maneira exaustiva, no documento *Igreja e problemas da terra*, aprovado na 18ª Assembleia Geral da CNBB, em 1980. Tais critérios fazem parte da longa tradição da Igreja Católica, ao tratar das questões da terra. Assumimos integralmente os critérios ali elencados, como parte da nossa reflexão.

102. Aquele documento pastoral mostra a realidade da concentração da terra em consequência do modelo político então adotado, mais favorável às grandes empresas. Tal situação levava a conflitos, marginalizando os pequenos agricultores, e à invasão de áreas indígenas. Relembram-se as responsabilidades dos

pastores diante de injustiças decorrentes do modelo de desenvolvimento adotado que induz à concentração de riqueza e poder nas mãos de poucos.

103. Em face dessa realidade é lembrada a visão bíblica fundamental da terra como dom de Deus. Chama-se a atenção sobre a necessidade de se delimitarem critérios. A mensagem religiosa, subjacente a contextos históricos culturais de outras épocas, deve ser assumida na sua simplicidade e pureza originais nas diferentes situações atuais, sem casuísmos ou simples recordação de textos.

104. O Deus soberano de todas as pessoas e de todas as coisas pode definir a destinação de tudo aos seres humanos. Ele sempre adverte a respeito da exploração dos pobres e humildes. Daqui derivam consequências precisas. Por um lado, a ninguém é lícito privar da posse da terra a pessoa que a tem em uso, de outro modo se violaria um direito divino; nem sequer um rei o pode fazer. Por outro lado, é negada qualquer forma de posse absoluta e arbitrária exclusivamente para vantagem própria: não se pode fazer o que se quer dos bens que Deus deu a todos. A Nova Aliança prioriza a partilha dos bens e prática da justiça. Assim agia a Igreja nascente descrita nos Atos dos Apóstolos. Os padres antigos, raízes e fundamentos de toda a Doutrina Social da Igreja, combateram com vigor a avareza

e os direitos de posse absoluta. A terra não é só dos ricos e poderosos. Diante da tendência do direito positivo pagão, em que a ênfase na propriedade privada aparece ligada à servidão, os padres destacam o direito natural, em que a posse universal é extensiva a todos e garante liberdade a todos.

105. Evoluindo neste pensamento, a propriedade privada é vista como instrumento, para a realização da sua destinação social. A visão cristã consolida e amplia o direito natural, enquanto, aos poucos, o direito positivo humano caminha no sentido de separar a posse individual do uso comum a todos. É evidente que, fiel à longa tradição, a Igreja não pode deixar de denunciar e proclamar as exigências fundamentais da justiça. Há a obrigação pastoral da Igreja, quando defende a propriedade individual da terra e dos meios de produção, de sempre enfatizar a sua função social.

106. De longa data a Igreja denuncia a exagerada ingerência do dinheiro, do poder e da avareza no que diz respeito às questões de posse e uso da terra.[26]

107. Em síntese, toda propriedade particular é naturalmente penhorada pela sua destinação social.

---

[26] O documento da 18ª Assembleia Geral da CNBB contempla ensinamentos dos Papas Pio XII, João XXIII, Paulo VI, João Paulo II, Concílio Vaticano II (*Gaudium et spes*, n. 71) e das Conferências Episcopais Latino-Americanas de Medellín (1967) e Puebla (1979).

Reconhece-se o conflito permanente, em diferentes momentos da história, entre os que possuem e usam a terra (terra de trabalho) e os que pretendem ter propriedade para negociar com a terra (terra de exploração).

108. As Campanhas da Fraternidade (CF),[27] da Conferência Nacional dos Bispos do Brasil (CNBB), indicaram, nestes últimos decênios, caminhos pastorais em defesa da vida do planeta, das terras dos indígenas, dos quilombolas, do necessário equilíbrio dos bens da natureza e da economia a serviço da vida. Todos são temas correlatos à função social da terra e à destinação universal dos bens da natureza. Os textos-base de todas aquelas campanhas discorrem sobre temas bíblicos e tradição apostólica, com sólidos fundamentos. Estes são complementos iluminadores do nosso discernimento pastoral, ao reafirmarem a continuidade do equilíbrio entre posse individual da terra e sua função social. Aler-

---

[27] Por um mundo mais humano – preserve o que é de todos – 1979; Fraternidade e migrações – para onde vais?, 1980; Fraternidade e vida – para que todos tenham vida, 1984; Fraternidade e fome – pão para quem tem fome, 1985; Fraternidade e terra – terra de Deus, terra de irmãos, 1986; Fraternidade e o negro – ouvi o clamor deste povo, 1988; Fraternidade e a mulher – mulher e homem, imagem de Deus, 1990; Fraternidade e povos indígenas – por uma terra sem males, 2002; Fraternidade e água – água, fonte de vida, 2004; Fraternidade e Amazônia – vida e missão neste chão, 2007; Fraternidade e economia – vocês não podem servir a Deus e ao dinheiro, 2010; Fraternidade e a vida no planeta – a criação geme em dores de parto, 2011 (Rm 8,22).

tam para diversas situações específicas capazes de romper aquele equilíbrio.

109. Além de tudo aquilo aqui assumido do documento da 18ª Assembleia Geral da CNBB, podem ser acrescentadas referências ao magistério mais recente, tanto das Assembleias Gerais do Episcopado Latino-Americano e do Caribe,[28] de Santo Domingo e Aparecida, quanto dos Papas João Paulo II, Bento XVI e Francisco.

110. O Documento de Santo Domingo[29] (1992) explicita o compromisso com a ecologia: "Os cristãos, como integrantes da sociedade, não estão isentos de responsabilidade em relação aos modelos de desenvolvimento que provocaram os atuais desastres ambientais e sociais". E, ao denunciar que "as populações indígenas e camponesas são despojadas de suas terras", o documento questionava o modelo chamado de desenvolvimento sustentável: "diante desta proposta, temos de nos perguntar se todas estas aspirações são legítimas e quem paga os custos de tal desenvolvimento e a quem se destinam seus benefícios. Não pode ser um desenvolvimento que privilegie minorias em detrimento das grandes maiorias empobrecidas do mundo".

---

[28] O documento de 1980 inclui questões das Conferências de Medellín e Puebla.
[29] Cf. Santo Domingo, n. 169.

111. Ao falar da terra, os bispos destacaram o contraste entre a visão das populações tradicionais, para as quais a terra "é vida, é lugar sagrado, centro integrador de vida da comunidade", e a visão mercantilista que "considera a terra numa relação exclusiva com a exploração e o lucro, chegando até o desalojamento e a expulsão de seus legítimos donos". Retomando as palavras do Papa João Paulo II, o documento de Santo Domingo afirma: "cinco séculos de presença do Evangelho... não instauraram ainda uma equitativa distribuição dos bens da terra", que "infelizmente ainda está nas mãos de uma minoria".[30]

112. O Documento de Aparecida[31] fala em "contemplar os rostos daqueles que sofrem. Entre eles estão as comunidades indígenas e afro-americanas, desempregados, migrantes, deslocados, agricultores sem terra. Os excluídos não são somente explorados, mas supérfluos". E reafirmou: "Os homens do campo, em sua maioria, sofrem por causa da pobreza, agravada por não terem acesso à terra própria. No entanto, existem grandes latifúndios em mãos de poucos. Em alguns países, essa situação tem levado a população a exigir reforma agrária".

---

[30] JOÃO PAULO II. *Mensagem para a Quaresma de 1992*.

[31] Cf. DAp, n. 62 e 75.

113. As Sagradas Escrituras, a Tradição da Igreja, os anseios de todos os povos e a prática das comunidades tradicionais insistem na construção e manutenção de uma casa como tenda comum, onde haja vida abundante para todas as pessoas. A essa concepção se assemelha o antigo sonho da *terra sem males* dos povos Guaranis, que se concretiza na proposta atual da sociedade do *bem viver.*

114. A fidelidade ao nosso Deus e nosso compromisso com o povo, de maneira especial com os mais pobres, exige de nós o empenho de recriar as condições para que o céu, a água e a terra continuem sendo fonte de vida para todas as pessoas. No meio das dolorosas contradições da história, o caminho do povo terá sempre como horizonte os "novos céus e a nova terra" (Is 65,17; 66,22), a serem buscados e construídos com a força, sempre presente, do sopro vivificador do Espírito de Deus que "renova a face da terra" (Sl 104,30).

115. A luta pela terra inclui preservar a vida do planeta, ameaçada pelo conceito exclusivo de crescimento econômico a qualquer preço e pela ideia de que os recursos naturais são infindáveis.

116. É assim que, desde o princípio, a força da vida vem enfrentando todas as formas de morte, num processo permanente de criação e recriação, até o fim da história, até vermos "novos céus e nova terra onde

não haverá mais morte, nem pranto, nem clamor, nem dor" (Ap 21,1-17).

117. O grito de Jesus na cruz retoma e condensa os gemidos seculares do povo sofrido: "Meu Deus, meu Deus, por que me abandonaste?" (Sl 22,1; Mc 15,34). A este grito o Pai responde manifestando sua vontade com a ressurreição de Jesus, e revela, assim, definitivamente, ao lado de quem está com seu poder de vida: "Aquele que conduz à vida, vós o matastes, mas Deus o ressuscitou dos mortos, e disso nós somos testemunhas" (At 3,15).

2. Afirmando critérios pastorais

118. O princípio da destinação universal dos bens, de longa tradição eclesial, questiona radicalmente o direito de propriedade absoluta e sem limites, estabelecido no direito feudal da Idade Média europeia e ampliado pela onda de globalização financeira e hegemonia do mercado nos tempos modernos. Na doutrina social da Igreja, o processo de concentração da terra é julgado um escândalo, porque em nítido contraste com a vontade e o desígnio salvífico de Deus, enquanto nega a grande parte da humanidade o benefício dos frutos da terra. O agronegócio em desenvolvimento no Brasil não só reforça esta dimensão absolutista da propriedade em detrimento da sua função social, mas destrói a

possibilidade de se ter um adequado espaço e equilíbrio nas decisões políticas de desenvolvimento, no que se refere aos pequenos produtores rurais e familiares. Estes normalmente trabalham para garantir alimentação básica, diversificada, de alcance popular, proporcionando segurança alimentar para todos.[32]

119. É relevante destacar o princípio constitucional brasileiro da Função Social da Propriedade Fundiária.[33] Para evitar o desrespeito e retrocesso constitucional, urge a busca pela concretização histórica e geográfica da função social da propriedade, agora ameaçada pela hegemonia globalizada do capital financeiro. A missão atual e permanente da Igreja opõe-se, profeticamente, à hegemonia do dinheiro[34] e propõe-se a lutar por uma nova ordem mundial.

120. O Papa João Paulo II aprofundou parte da questão ao longo da encíclica *Laborem exercens*[35] e

---

[32] João XXIII fala da "função social" da propriedade privada na destinação universal dos bens (MM 109), e Paulo VI afirma que esse tipo de propriedade não constitui para ninguém um direito incondicional e absoluto, pois está subordinado ao direito de todos de usar dos bens da terra (PP 22-23). Por sua vez, o Concílio Vaticano II fala primeiro sobre a destinação universal dos bens (GS, n. 69), para depois falar da propriedade privada (GS, n. 71). Sobretudo no n. 69, é clara a alusão à fonte tomista, onde se diz que em caso de extrema necessidade é lícito tomar o que é do outro.

[33] Constituição Federal, artigo 186 e artigo 5 – XXIII.

[34] "Vocês não podem servir a Deus e ao dinheiro" (Mt 6,24). Cf. Campanha da Fraternidade Ecumênica de 2010: "Economia e vida".

[35] JOÃO PAULO II. *Laborem exercens*, n. 3.

destacou o conflito entre capital e trabalho:[36] "Conflito que, na época do desenvolvimento industrial e em ligação com ele, se manifestou entre o 'mundo do capital' e o 'mundo do trabalho'; ou seja, entre o grupo restrito, mas muito influente, dos patrões e empresários, dos proprietários ou detentores dos meios de produção, e a multidão mais numerosa da gente que se achava privada de tais meios e que participava do processo de produção, mas isso exclusivamente mediante o seu trabalho".[37] Administrar tal conflito significa encontrar o equilíbrio entre trabalho e propriedade, pois, "com o trabalho permanece igualmente ligado, desde o princípio, o problema da propriedade. Com efeito, para fazer com que sirvam para si e para os demais os recursos escondidos na natureza, o homem tem como único meio o seu trabalho; e para fazer com que frutifiquem tais recursos, mediante o seu trabalho, o homem apossa-se de pequenas porções das variadas riquezas da natureza: do subsolo, do mar, da terra e do espaço. De tudo isso ele se apropria para aí assentar o seu 'banco' de trabalho. E apropria-se disso mediante o trabalho e para poder ulteriormente ter trabalho".[38] Daí, a maneira original de tratar o

---

[36] Cf. DAp. n. 65 e 72.
[37] JOÃO PAULO II. *Laborem exercens*, n. 11.
[38] Ibid., n. 12.

assunto da propriedade ao longo da tradição eclesial ao enfatizar a sua função social.[39] Isso se aplica de maneira especial na questão a respeito da terra.[40]

121. O Papa Bento XVI atualiza outras questões igualmente relevantes ao assunto da terra em sua encíclica *Caritas in veritate*. Toda encíclica é um libelo e um alerta a respeito de muitas questões atuais ameaçadoras da qualidade da vida dos homens e mulheres. Com clareza, Bento XVI discorre sobre os riscos do absolutismo das leis de mercado: "De fato, deixado unicamente ao princípio da equivalência de valor dos bens trocados, o mercado não consegue gerar a coesão social de que necessita para bem funcionar. Sem formas internas de solidariedade e de confiança recíproca, o mercado não pode cumprir plenamente a própria função econômica... Não se tratava apenas de corrigir disfunções, através da assistência. Os pobres não devem ser considerados um 'fardo', mas um recurso, mesmo do ponto de vista estritamente econômico. Há que considerar errada a visão de quantos pensam que a economia de mercado tenha estruturalmente necessidade de certa cota de pobreza e subdesenvolvimento para poder funcionar do melhor modo. O mercado tem interesse em promover emancipação, mas, para

---

[39] Cf. ibid., n. 14.
[40] Ibid., n. 21.

fazê-lo verdadeiramente, não pode contar apenas consigo mesmo, porque não é capaz *de produzir por si aquilo que está para além das suas possibilidades; tem de haurir energias morais de outros sujeitos, que sejam capazes de as gerar*".[41] Bento XVI mostra que o mercado não existe em estado puro.[42] Critica a força do dinheiro e do lucro sem limites e fora dos parâmetros sociais e afirma que os pobres não podem ser considerados um peso econômico. Estes não são apenas toleráveis e considerados objeto de assistência, mas devem ser atores da sua própria emancipação. E acrescenta: "O objetivo exclusivo de lucro, quando mal produzido e sem ter como fim último o bem comum, arrisca-se a destruir riqueza e criar pobreza".[43] Mostra qual deve ser a verdadeira globalização como instrumento de aproximação e solidariedade entre os povos.[44]

122. O Papa Francisco aprofunda essa questão na sua recente exortação apostólica *Evangelii gaudium*, sobre o anúncio do Evangelho no mundo atual,[45] ao destacar os desafios do mundo atual: "A humanidade vive, neste momento, uma virada histórica, que

---

[41] BENTO XVI. *Caritas in veritate*, n. 35.
[42] Ibid., n. 36.
[43] Ibid., n. 21.
[44] Cf. ibid., n. 41.
[45] PAPA FRANCISCO. *Evangelii gaudium*.

podemos constatar nos progressos que se verificam em vários campos. São louváveis os sucessos que contribuem para o bem-estar das pessoas, por exemplo, no âmbito da saúde, da educação e da comunicação. Todavia, não podemos esquecer que a maior parte dos homens e mulheres do nosso tempo vive o seu dia a dia precariamente, com funestas consequências. "A alegria de viver frequentemente se desvanece; crescem a falta de respeito e a violência, a desigualdade social torna-se cada vez mais patente. É preciso lutar para viver, e muitas vezes viver com pouca dignidade".[46] O Papa Francisco propõe com clareza: "Assim como o mandamento 'não matar' põe um limite claro para assegurar o valor da vida humana, assim também hoje devemos dizer 'não a uma economia da exclusão e da desigualdade social'. Esta economia mata. Hoje, tudo entra no jogo da competitividade e da lei do mais forte, em que o poderoso engole o mais fraco. Em consequência desta situação, grandes massas da população veem-se excluídas e marginalizadas: sem trabalho, sem perspectivas, num beco sem saída... Já não se trata simplesmente do fenômeno de exploração e opressão, mas de uma realidade nova: com a exclusão, fere-se, na própria raiz, a

---

[46] Ibid., n. 52.

pertença à sociedade onde se vive, pois quem vive nas favelas, na periferia ou sem poder já não está nela, mas fora. Os excluídos não são 'explorados', mas resíduos, 'sobras'". Diz, portanto, o Papa com firmeza: "não a uma economia de exclusão";[47] "não à nova idolatria do dinheiro";[48] "não a um dinheiro que governa em vez de servir";[49] "não à desigualdade social que gera a violência".[50]

123. O Papa Francisco, ao falar da solidariedade, reafirma com clareza a função social da propriedade: "A solidariedade é uma reação espontânea de quem reconhece a função social da propriedade e o destino universal dos bens como realidades anteriores à propriedade privada. A posse privada dos bens justifica-se para cuidar deles e aumentá-los de modo a servirem melhor o bem comum, pelo que a solidariedade deve ser vivida como a decisão de devolver ao pobre o que lhe corresponde. Estas convicções e práticas de solidariedade, quando se fazem carne, abrem caminho a outras transformações estruturais e tornam-nas possíveis".[51]

---

[47] Ibid., n. 53.
[48] Cf. ibid., n. 55, 56.
[49] Cf. ibid., n. 55, 56.
[50] Cf. ibid., n. 59, 60.
[51] Ibid., n. 189.

124. O Papa Francisco insiste que: "Às vezes, trata-se de ouvir o clamor de povos inteiros, dos povos mais pobres da terra, porque 'a paz funda-se não só no respeito pelos direitos do homem, mas também no respeito pelo direito dos povos'. Lamentavelmente, até os direitos humanos podem ser usados como justificativa para uma defesa exacerbada dos direitos individuais ou dos direitos dos povos mais ricos... É preciso repetir que 'os mais favorecidos devem renunciar a alguns dos seus direitos, para poder colocar, com mais liberalidade, os seus bens a serviço dos outros'... Animados pelos seus pastores, os cristãos são chamados, em todo lugar e circunstância, a ouvir o clamor dos pobres, como bem se expressaram os bispos do Brasil: 'Desejamos assumir, a cada dia, as alegrias e esperanças, as angústias e as tristezas do *povo* brasileiro, especialmente das populações das periferias urbanas e das zonas rurais – sem-terra, sem-teto, sem-pão, sem-saúde – lesadas em seus direitos. Vendo a sua miséria, ouvindo os seus clamores e conhecendo o seu sofrimento, escandaliza-nos o fato de saber que existe alimento suficiente para todos e que a fome se deve à má repartição dos bens e da renda. O problema se agrava com a prática generalizada do

desperdício'",[52] e recorda que "No coração de Deus, ocupam lugar preferencial os pobres, tanto que até ele mesmo 'se fez pobre'" (2Cor 8,9).[53]

125. A respeito da "globalização da indiferença",[54] o Papa Francisco nos alerta diante do volume crescente de tragédias humanas motivadas pela incapacidade de superar os egoísmos e abrir espaços para todos os pobres. "Além disso, a fé, ao revelar-nos o amor de Deus Criador, faz-nos olhar com maior respeito para a natureza, fazendo-nos reconhecer nela uma gramática escrita por ele e uma habitação que nos foi confiada para ser cultivada e guardada; ajuda--nos a encontrar modelos de progresso, que não se baseiem apenas na utilidade e no lucro, mas considerem a criação como dom, de que todos somos devedores."[55] Isso contradiz ao que aspira a humanidade. "O número sempre crescente de ligações e comunicações que envolvem o nosso planeta torna mais palpável a consciência da unidade e partilha de um destino comum entre as nações da terra... Contudo, ainda hoje, esta vocação é muitas vezes contrastada e negada nos fatos, num mundo

---

[52] Ibid., n. 190, 191.

[53] Ibid., n. 197, 198, 199.

[54] Cf. id. Homilia na Santa Missa pelas vítimas dos naufrágios, Lampedusa (Itália), Campo Desportivo "Arena", na Localidade de Salina, 8 de julho de 2013.

[55] Id., *Lumen fidei*, n. 55.

caracterizado pela 'globalização da indiferença' que lentamente nos faz 'nos habituarmos' ao sofrimento alheio, fechando-nos em nós mesmos."[56]

126. A expansão do agronegócio, nos moldes como vem acontecendo em nosso país, coloca em risco a função social da terra e do seu uso e, consequentemente, a destinação universal dos bens da natureza, garantida na Constituição Federal. O nosso discernimento se faz à luz de nosso compromisso de pastores e de nossa evangélica opção pelas populações mais pobres, entre as quais se colocam os índios, os negros quilombolas, os agricultores familiares e os trabalhadores submetidos a condições análogas à escravidão. Eles são as primeiras vítimas da prioridade dada à expansão da hegemonia do dinheiro e das regras do mercado. O agronegócio, pela sua própria natureza e estrutura, prioriza o lucro em função de preço de mercadorias produzidas, conforme a demanda de mercado internacional.

127. A sustentabilidade da vida vem sendo ameaçada pela expansão do agronegócio em nosso país. Ele requer grandes áreas desmatadas, água em abundância, uso indiscriminado de agrotóxicos; ameaça a segurança alimentar[57] diversificada, rompe o

---

[56] Cf. id., *Mensagem do Papa para o Dial Mundial da Paz 2014*, n. 1.

[57] Segurança alimentar é o conjunto de direitos e ações capazes de garantir o mínimo de alimentação saudável e diária a todos os seres humanos.

equilíbrio ecológico e a já frágil integridade da vida planetária.

3. O princípio da função social da propriedade rural e sua aplicação

128. Decorridos 25 anos desde a promulgação da Constituição de 1988 e 20 anos desde a sanção da Lei Agrária,[58] que deveria regulamentar a função social da propriedade fundiária, temos em seu lugar uma grave lacuna, não obstante a essencialidade dessa regulamentação para o exercício legítimo do direito de propriedade rural no Brasil.[59] A não regulamentação na prática remete o exercício do direito de propriedade para a órbita estritamente privada e mercantil, retroagindo nosso sistema fundiário às regras vigentes a partir da Lei de Terras de 1850.

129. A centralidade desse princípio no texto constitucional e sua fundamental importância na questão agrária clamam por uma explicitação do que precisa ser regulamentado, mas ainda não está, não sendo, portanto, aplicado. Observa-se que esse princípio traduz um novo paradigma civilizacional no direito de propriedade.

---

[58] Lei n. 8.629/93.

[59] Artigo 5, item XXIII, combinado com o artigo 186 da Constituição Federal.

130. O artigo 186 explicita que "A função social é cumprida quando a propriedade rural atende, *simultaneamente*,[60] segundo critérios e graus de exigência estabelecidos em lei, aos seguintes requisitos:

I – aproveitamento racional e adequado;

II – utilização adequada dos recursos naturais disponíveis e preservação do meio ambiente;

III – observância das disposições que regulam as relações de trabalho;

IV – exploração que favoreça o bem-estar dos proprietários e dos trabalhadores".

131. A Lei Agrária vigente[61] restringiu-se a regulamentar apenas o tópico: I – aproveitamento racional e adequado, definindo conceitos específicos de "grau de utilização" e "grau de eficiência", os quais deveriam ser atualizados pelo menos decenalmente (periodicidade dos censos agropecuários), mas não o são desde o Censo de 1975.

132. Por sua vez, as regras ambientais de preservação da sanidade dos recursos naturais e as regras trabalhistas previstas e inseparáveis da função social pelo princípio da simultaneidade de vigência no mesmo tempo, no mesmo território e na mesma relação jurídica – o direito de propriedade legítimo

---

[60] O grifo é nosso.

[61] Lei n. 8.629/93.

–, estão descartadas dessa função regulatória e remetidas fragmentariamente a várias legislações e competências administrativas: Instituto Nacional de Colonização e Reforma Agrária (INCRA), Instituto Brasileiro de Meio Ambiente e Recursos Renováveis (IBAMA), Fundação Nacional do Índio (FUNAI), Agência Nacional de Vigilância Sanitária (ANVISA) e Ministério do Trabalho e Emprego.

133. A regulamentação que efetivamente se requer, segundo o princípio da função social simultaneamente aplicado, demanda uma norma jurídica (lei orgânica da função social da propriedade) que aplique ao direito de propriedade as exigências constitucionais integrais, prevendo sanções por descumprimento, em conformidade com sua gravidade – multas pecuniárias, desapropriação por interesse social ou expropriação direta nos casos extremos.

3ª Parte

NOSSOS COMPROMISSOS
PASTORAIS

"E agora, vai. Eu te envio." (Ex 3,10)

1. Ação evangelizadora e compromisso social

134. O que foi dito até aqui faz pensar e pode ajudar a *planificar e operacionalizar* o anúncio da Boa-Nova e o nosso compromisso com os pobres.

135. Nesta ocasião pedimos perdão a Deus e aos irmãos e irmãs se nem sempre nossas dioceses, prelazias e comunidades eclesiais foram fiéis a estes compromissos; pedimos perdão, sobretudo, pelas nossas omissões quando deixamos de testemunhar nossa fidelidade ao Deus dos pobres e aos pobres de Deus. É preciso buscar sempre, "em primeiro lugar, o Reino de Deus e a sua justiça" (Mt 6,33).

136. Somos discípulos de Jesus Cristo que "se fez pobre, embora fosse rico, para nos enriquecer com sua pobreza" (2Cor 8,9). Ele nos desafia a dar testemunho autêntico de pobreza evangélica em nosso estilo de

vida e em nossas estruturas eclesiais, tal como ele fez.

137. Esta é a fundamentação que nos compromete numa opção preferencial pelos pobres, firme e irrevogável, mas não exclusiva nem excludente, tão solenemente afirmada nas Conferências de Medellín, Puebla e Santo Domingo: "Igreja pobre que impulsiona a evangelização de nossas comunidades" (Santo Domingo, n. 178) com o "potencial evangelizador dos pobres" (Puebla, n. 1147).

138. Movidos pela presença vivificante do Espírito Santo em nossas Igrejas particulares, temos a obrigação pastoral de fazer tudo o que estiver ao nosso alcance para acolher o clamor que sobe das comunidades dos campos, das florestas e das águas deste nosso país.

139. Grandes mudanças ocorreram nas três últimas décadas. Reafirmamos os nossos compromissos pastorais ao denunciar o acúmulo insustentável da riqueza, a concentração das terras, a devastação ambiental e a violência contra as pessoas, as comunidades e as populações de nossas terras. Este anúncio e esta exortação devem ser vivenciados numa prática coerente e fiel que obriga nós e nossas comunidades eclesiais a uma conversão permanente. "Entendemos que sem ações concretas que já

respondam a esses desafios, a Igreja não será sinal do amor de Deus pelos homens".[62]

140. As orientações que se seguem não respondem às situações concretas de cada lugar. Isso é missão de cada comunidade e de cada Igreja particular. A nós cabe uma palavra que indique caminhos aos irmãos e irmãs na fé e às pessoas de boa vontade. Uma palavra que nos una aos que lutam pela superação das discriminações, violências e de todas as exclusões e sacrifícios impostos à vida pela atual estrutura da propriedade da terra e pela política agrária e agrícola dominantes em nosso país. É nosso dever planejar e implementar a prática pastoral. "É missão da Igreja convocar todos os homens para que vivam como irmãos, superando toda forma de exploração. Devemos não somente ouvir, mas assumir os sofrimentos e angústias, as lutas e as esperanças das vítimas da injusta distribuição e posse da terra."[63]

141. As Diretrizes Gerais da Ação Evangelizadora da Igreja no Brasil 2011-2015[64] insistem na importância de *operar* e *assumir* as ações pastorais: Com esse espírito de *planejamento* e *participação*, fazemos

---

[62] CNBB. Documento *Igreja e problemas da terra*, n. 94.
[63] Ibid., n. 6.
[64] Cf. id., *Diretrizes Gerais da Ação Evangelizadora da Igreja no Brasil 2011 – 2015,* n. 122.

nossos os principais apelos do documento de 1980,[65] apelos estes capazes de orientar as ações onde também "a posse e o uso dos bens da Igreja devem ter uma destinação social e pastoral, evitando a especulação imobiliária e respeitando os direitos dos que trabalham na terra". Assim:

- destinar as terras que eventualmente as Igrejas possuam, e que não sejam necessárias ao exercício de sua missão, para atender a finalidades sociais, principalmente sua entrega aos sem-terra, ou facilitar sua desapropriação para fins de reforma agrária;[66]

- denunciar as situações abertamente injustas e as violências que se cometem, e combater as causas geradoras de tais violências;

- apoiar as justas iniciativas e organizações dos trabalhadores, colocando nossas forças e nossos meios a serviço de sua causa;

- cuidar para não substituir as iniciativas do povo, estimulando a participação consciente e crítica em suas organizações, objetivando a defesa dos interesses dos trabalhadores;

---

[65] Id. Documento *Igreja e problemas da terra*, n. 95-99.

[66] Este compromisso foi assumido pela CNBB em sua 35ª Assembleia Geral de 1997. CERIS – Centro de Estatística Religiosa e Investigações Sociais – Terras da Igreja no Brasil. Relatório final da pesquisa realizada em 1996 – abr. 1997.

- apoiar os esforços do homem do campo por uma autêntica reforma agrária, valorizando e defendendo a propriedade familiar, as posses e a propriedade tribal dos povos indígenas;
- apoiar a mobilização dos trabalhadores para exigir a aplicação e/ou reformulação das leis existentes, bem como para conquistar uma política agrária, trabalhista e previdenciária que atenda aos anseios da população.

1.1. Nossa posição em relação ao latifúndio

142. É imperativo ético, espiritual, social, econômico e ambiental a luta pela posse da terra e seus bens naturais como forma de erradicar a pobreza. A memória dos muitos mártires, que tiveram sua vida tolhida por lutarem contra a concentração e a exploração da terra, fortalece o nosso testemunho.

143. Toda e qualquer propriedade mantida como fonte de especulação, de exploração e de poder não é legítima. É moralmente inaceitável o uso da terra para a especulação e a hegemonia do dinheiro internacional para inflar os preços da comercialização de alimentos, especialmente as chamadas *commodities*. Isso é contrário à doutrina social da Igreja e à ordem jurídica brasileira e não pode ser aceito pela consciência ética da humanidade. Isso é pecado que clama aos céus. Por essa razão, reafirmamos que é

nossa obrigação moral fazer tudo o que estiver ao nosso alcance para que o latifúndio tenha limites.

a) Nossa posição em relação ao trabalho escravo

144. Merecem apoio todas as iniciativas que, por meios moralmente lícitos, busquem acabar com a prática e as raízes dos maus-tratos impostos à terra e aos que nela habitam. Nesse sentido, reafirmamos a urgência da reforma agrária, inclusive para erradicar o crime do trabalho escravo, denunciando os modernos feitores e seus cúmplices, acolhendo suas vítimas, apoiando sua busca de vida digna na terra.

145. A nosso ver, o crime do trabalho escravo deveria ser julgado em âmbito federal, distante das pressões de pessoas e grupos locais e estaduais, mediante procedimentos investigativos e judiciais que efetivamente coíbam essa prática degradante.

b) Nossa posição em relação à defesa da natureza

146. A terra é dom de Deus Pai para todos os seus filhos e filhas, sem exclusão. A ela devemos carinho, cuidado e respeito. O uso irracional da criação pode provocar danos graves e irreversíveis ao meio ambiente.

147. Reafirmamos a necessidade ética de preservar o meio ambiente nos seus biomas, protegendo e

restaurando a diversidade, a integridade e a beleza dos ecossistemas do nosso país.

148. É preciso assumir como um dos conteúdos da evangelização e da catequese o sentido teológico da relação com a terra como fonte de vida, favorecendo atitudes que superem a relação de propriedade exclusiva e de seu uso agressivo, estimulando a vivência da convicção de que tudo esteja a serviço da vida.

149. Iluminadoras são as palavras do Papa Francisco, em sua homilia no início do ministério petrino, no dia 19 de março de 2013: "Queria pedir, por favor, a todos que ocupam cargos de responsabilidade em âmbito econômico, político ou social, a todos os homens e mulheres de boa vontade: sejamos 'guardiães' da criação, do desígnio de Deus inscrito na natureza, guardiães do outro, do ambiente; não deixemos que sinais de destruição e morte acompanhem o caminho deste nosso mundo!". Ele retoma o tema na mensagem para o Dia Mundial da Paz, 1º de janeiro de 2014: "A família humana recebeu, do Criador, um dom em comum: a natureza. A visão cristã da criação apresenta um juízo positivo sobre a licitude das intervenções na natureza para dela tirar benefício, contanto que se atue responsavelmente, isto é, reconhecendo aquela 'gramática' que está inscrita nela e utilizando, com sabedoria,

os recursos para proveito de todos, respeitando a beleza, a finalidade e a utilidade dos diferentes seres vivos e a sua função no ecossistema. Em suma, a natureza está à nossa disposição, mas somos chamados a administrá-la responsavelmente. Em vez disso, muitas vezes deixamo-nos guiar pela ganância, pela soberba de dominar, possuir, manipular, desfrutar; não guardamos a natureza, não a respeitamos nem a consideramos como um dom gratuito de que devemos cuidar e colocar a serviço dos irmãos, incluindo as gerações futuras". E insiste no tema na exortação apostólica *Evangelii gaudium*, ao afirmar: "Há outros seres frágeis e indefesos, que muitas vezes ficam à mercê dos interesses econômicos ou de um uso indiscriminado. Refiro-me ao conjunto da criação. Nós, os seres humanos, não somos meramente beneficiários, mas guardiões das outras criaturas. Pela nossa realidade corpórea, Deus uniu-nos tão estreitamente ao mundo que nos rodeia, que a desertificação do solo é como uma doença para cada um, e podemos lamentar a extinção de uma espécie como se fosse uma mutilação. Não deixemos que, à nossa passagem, fiquem sinais de destruição e de morte que afetem a nossa vida e a das gerações futuras".[67]

---

[67] PAPA FRANCISCO. *Evangelii gaudium*, n. 215.

c) Nossa posição em relação aos cuidados com a água

150. A água é um bem fundamental para a pessoa humana. Por isso, ela deve ser considerada um bem comum, de destinação universal, patrimônio da humanidade e de todos os seres vivos.

151. A água, bem indispensável para a vida, está se tornando escassa por causa do seu uso desordenado e pelas mudanças climáticas, provocadas pela violência feita ao meio ambiente e aos diversos ecossistemas.

152. É preciso condenar como crime todas as formas de privatização com fins de reserva de mercado e comércio da água, seja por empresas nacionais, seja por empresas transnacionais, e assumir como urgentes as iniciativas que visem a aprofundar a consciência em relação aos cuidados que devemos tomar para evitar o agravamento da situação de escassez da água doce. O Brasil tem uma parte importante de reserva da água doce ainda existente no planeta. Esse fato agrava a nossa responsabilidade e solidariedade em relação aos povos mais carentes desse líquido vital.

153. Lembramos que no Brasil já existem extensas regiões necessitadas de cuidados especiais, como é o caso do semiárido nordestino e do cerrado, na região central do país, ameaçados pelo desmatamento

irresponsável e pela implantação de pecuária extensiva e monocultivos agrícolas, mantidos através de irrigação e uso irracional de produtos químicos. O uso de produtos químicos (veneno) na produção de alimentos gera um consumo médio, por brasileiro, de 5,2 litros por ano (dados de 2009 do Sindicato Nacional para Produtos de Defesa Agrícola – Sindage), causa danos à saúde como, por exemplo, câncer, depressão, entre outros, além de danos ao ambiente. Nesse sentido, apoiamos a Campanha Permanente contra os Agrotóxicos e pela Vida.

154. Apoiamos a luta contra a degradação dos mananciais de água e a sua poluição. É preciso garantir as diferentes formas de preservação dos rios e lagos da Amazônia, desenvolvidas pelos ribeirinhos; incentivar as lutas das comunidades praieiras na defesa dos mangues e apoiar a iniciativa da criação de territórios pesqueiros.

155. Consideramos que é urgente fortalecer o projeto de construção de cisternas caseiras no semiárido e outras formas de captação e de uso de água da chuva, bem como trabalhar para que a captação de água de chuva se torne parte da cultura familiar e aproveitá-la adequadamente, de forma racional, inclusive quando da construção de espaços públicos tais como igrejas, prédios, escolas, clubes, hotéis, praças, entre outros, aprendendo com a sabedoria

mais antiga da humanidade e mesmo com projetos atuais inovadores.[68]

d) Nossa posição em relação à produção de energia

156. Expressamos nosso apoio a várias reivindicações de movimentos em defesa dos direitos dos atingidos por grandes projetos de construção de barragens, previstos ou em execução. Alertamos para os riscos e possíveis injustiças de tais projetos: cobrem vales férteis, florestas e matas ciliares e desequilibram o meio ambiente; expulsam populações, comunidades e famílias, sem nunca compensar, de maneira suficiente, o prejuízo sofrido. Denunciamos a forma injusta de distribuição dos benefícios da energia produzida por essas barragens: a energia é fornecida, de forma subsidiada, às grandes empresas de transformação, enquanto o cidadão está sendo cobrado em percentuais bem maiores, pelo seu uso familiar.

157. Apoiar pesquisas científicas em nossas universidades, visando a descobrir materiais mais baratos, simples e eficazes na produção de energia e na sua conservação para uso posterior. É necessário priorizar políticas públicas na direção do melhor

---

[68] O centro olímpico de Sydney (Austrália) foi construído considerando a água e a energia necessárias como produtos não comerciais. E todas as suas imponentes instalações foram autossuficientes em água e energia.

aproveitamento da energia solar e eólica e de outras formas de energia, como o biogás e a biomassa, levando em conta o cuidado com o meio ambiente e as comunidades atingidas.

2. Nossa palavra de pastores

2.1. AOS POVOS DA TERRA, DAS ÁGUAS E DAS FLORESTAS

158. Nossa palavra se dirige aos camponeses e camponesas, trabalhadores e trabalhadoras rurais e a todos os povos da terra, das águas e das florestas do Brasil. Eles precisam do seu espaço territorial para garantir a sua sobrevivência, a qualidade de suas vidas e a sua identidade sociocultural. Eles, com seu trabalho, põem nas mesas dos brasileiros e brasileiras a maior parte dos alimentos. Apreciamos sua sabedoria e sua cultura. Uma palavra especial é dirigida às populações autóctones, cuja riqueza humana e cultural precisa ser valorizada pela atividade pastoral da Igreja.

159. É urgente identificar as causas da precária situação em que, muitas vezes, se encontram e as possibilidades de superá-las. Reafirmamos nossa solidariedade às suas causas, lutas e organizações e nos comprometemos a apoiá-las em suas justas reivindicações e com meios moralmente lícitos, pois semeiam

pequenas iniciativas como alternativas ao modelo econômico que destrói a vida e exclui as pessoas.

160. A reafirmação da identidade camponesa dos trabalhadores e trabalhadoras rurais e dos seus valores se manifesta, entre outras iniciativas, no fortalecimento da mobilização pelo direito do povo ao lugar onde vive e na implementação de uma educação planejada, com a participação dos envolvidos, a partir da realidade local, vinculada à sua cultura e às suas necessidades humanas e sociais.

161. Urge apoiar as lutas dos pequenos que buscam oportunidades de vida na terra, na floresta e nas águas; a decisão dos trabalhadores e das trabalhadoras que utilizam formas legítimas de pressão;[69] as políticas públicas que lhes garantam o acesso pleno aos serviços de saúde, educação e transporte; os esforços para conseguir a legalização de suas terras e o respeito pelo uso sustentável que delas fazem; as experiências agroecológicas que estão

---

[69] Como disse muito claramente o Pontifício Conselho Justiça e Paz, mesmo sendo "um ato não conforme aos valores e às regras de uma convivência verdadeiramente civil", as ocupações são "manifestação de situações intoleráveis e deploráveis no plano moral e sinal alarmante que exige a atuação, em nível social e político, de soluções eficazes e justas". A reforma agrária "é a única resposta concretamente eficaz e possível, a resposta da lei ao problema da ocupação das terras" (n. 44). A Constituição brasileira estabeleceu que a propriedade tem que cumprir sua função social, e vários juízes, Brasil afora, baseados neste preceito, têm emitido sentenças favoráveis aos trabalhadores que ocupam áreas, pois elas não cumpriam esta função social.

sendo implementadas em todos os cantos do Brasil; as iniciativas para garantir alimentação abundante e sadia.

162. Faz-se necessário fortalecer a resistência contra todas as formas de violência que atingem a vida dos trabalhadores e suas famílias: a grilagem, os despejos ilegítimos (mesmo quando aparentemente legais), as arbitrariedades dos órgãos de segurança pública, o desvio dos recursos públicos, os abusos dos latifundiários e suas milícias privadas, a renovada concentração de terras e renda que devasta o ambiente e violenta as famílias.

163. Urge aprimorar os esforços para a erradicação de todas as formas de trabalho escravo e degradante e toda superexploração à qual são submetidos milhares de trabalhadores rurais, migrantes e boias-frias.

164. As comunidades quilombolas merecem atenção particular tendo em vista a sua importância histórica e cultural na formação da identidade cultural da nação brasileira. Documento recente da CNBB analisa a importância e os traços peculiares destas comunidades.[70]

165. Enfim, estejamos todos vigilantes para não cair nas ciladas do progresso a qualquer custo, do

---

[70] *A Igreja e as comunidades quilombolas*. Edições da CNBB, série verde, n. 105.

desenvolvimento predador, bem como nas armadilhas dos que se consideram "salvadores da pátria", que tentam submeter seus movimentos e organizações aos interesses de grupos econômicos e políticos.

2.2. Aos empreendedores e administradores do bem comum

166. Como pastores da Igreja Católica no Brasil, motivados por razões éticas e morais, e no desejo de contribuir para a construção de uma sociedade justa e solidária, dirigimo-nos a todas as pessoas revestidas de responsabilidade na administração do bem comum nas diversas esferas do poder público.

167. É necessário que o desenvolvimento econômico da nação se realize de modo gradual e harmônico entre todos os setores produtivos. Quer dizer, é preciso que no setor agrícola se realizem as transformações que dizem respeito às técnicas de produção, à escolha das culturas e à estruturação das empresas, conforme as permitir ou exigir a vida econômica no seu conjunto, de maneira que se atinja, logo que seja possível, um nível de vida conveniente, comparado com o setor da indústria e dos vários serviços.[71]

---

[71] JOÃO XXIII. *Mater et magistra*, n. 127.

168. Urge investir na formação dos técnicos agrícolas e administradores, bem como no financiamento de produções ligadas à agricultura familiar e aos assentamentos de reforma agrária.

169. No encontro com a sociedade civil,[72] disse o Papa Francisco: "*a responsabilidade social exige* certo tipo de paradigma cultural e, consequentemente, de política. Somos responsáveis pela formação de novas gerações, capacitadas na economia e na política, e firmes nos valores éticos. O futuro exige de nós uma visão humanista da economia e uma política que realize cada vez mais e melhor a participação das pessoas, evitando elitismos e erradicando a pobreza. Que ninguém fique privado do necessário e que a todos sejam asseguradas dignidade, fraternidade e solidariedade: esta é a via a seguir. Já no tempo do profeta Amós era muito forte a advertência de Deus: 'Eles vendem o justo por dinheiro, o indigente, por um par de sandálias; esmagam a cabeça dos fracos no pó da terra e tornam a vida dos oprimidos impossível' (Am 2,6-7). Os gritos por justiça continuam ainda hoje".

---

[72] PAPA FRANCISCO. Mensagens e homilias. Jornada Mundial da Juventude, Rio de Janeiro, Teatro Municipal do Rio de Janeiro, 27 de julho de 2013. *Encontro com a classe dirigente do Brasil*. Edições da CNBB, n. 2, 2013, p. 55.

2.3. Ao Poder Executivo

170. É necessária uma instrução ministerial que atualize os índices de produtividade exigidos para o cumprimento da função social da propriedade da terra.

171. A reforma agrária é urgente, necessária e inadiável. Ela democratiza o acesso a terra, garante o uso do território no respeito das diferentes culturas camponesas. Ao redesenhar a distribuição das terras, acaba-se com os latifúndios e redimensionam-se os minifúndios.

172. É indispensável estabelecer um limite para a propriedade da terra, propondo emenda constitucional. A inserção de mais esse item no artigo 186 da Constituição explicitará com clareza a exigência de estabelecer um limite para o tamanho da propriedade em vista do cumprimento da sua função social.

173. Urge o cumprimento do disposto no artigo 67 do Ato das Disposições Constitucionais Transitórias (ADCT) da Constituição Federal em relação às terras indígenas. A protelação do cumprimento deste dispositivo torna-se um crime de lesa-humanidade diante do sofrimento de muitos povos indígenas, como o do povo Guarani-Kaiowá, no Mato Grosso do Sul.

174. Ao lado do reconhecimento do direito histórico e constitucional dos povos indígenas sobre suas terras tradicionais, deve o Estado reconhecer os títulos de terra de boa-fé, emitidos sobre terras da União, ocupadas por indígenas, e assumir a responsabilidade pelo erro político-administrativo que cometeram, indenizando os que as adquiriram de boa-fé, bem como as benfeitorias construídas. Deve também reassentar as famílias que o desejarem, de acordo com o Decreto n. 1.775/96, preferencialmente na mesma região.

175. É urgente o reconhecimento dos territórios ocupados pelas comunidades quilombolas, como determina o artigo 68 do ADCT, como forma de resgate de direitos reconhecidos.

176. Aos governantes cabe cumprir seu dever legal de combater a grilagem, reintegrando a posse das terras ainda devolutas e destinando-as para a reforma agrária. A eles compete impedir que empreendimentos instalados em terras ocupadas, ilegal ou irregularmente, sejam financiados com recursos públicos.

177. A Receita Federal e outros órgãos arrecadadores de impostos devem se certificar do caráter legal e legítimo da posse dos imóveis que tributam.

178. O poder público deve garantir incentivos econômicos aos que preservam a natureza, de modo especial

a floresta amazônica e o cerrado. A luta do pequeno agricultor pela preservação do meio ambiente deve ser reconhecida e recompensada por ser serviço feito em favor de toda a humanidade.

179. Apesar de aprovada a lei da biossegurança, de nossa parte é dever pastoral continuar manifestando-nos contra o plantio e a comercialização de sementes transgênicas. São precários os estudos conclusivos sobre seus riscos para a saúde humana e seus efeitos colaterais sobre a biodiversidade das espécies.

180. São preocupantes os sucessivos adiamentos para que sejam efetivadas as normas legais do uso, da distribuição e da comercialização das sementes transgênicas.

181. Preocupa-nos também o abandono da terra pelas novas gerações, iludidas com a utopia da felicidade urbana.

182. Teme-se o cartel das grandes empresas controladoras dos grãos, cujo objetivo primeiro é o lucro. Esse controle pode estender-se a toda a cadeia alimentar. Há real ameaça à soberania e à segurança alimentar do povo, criando dependência dos produtores, excluindo, aos poucos, os mais pobres. Cresce a clandestinidade desse processo no país, bem como as dificuldades de sua fiscalização.

183. É inaceitável a atitude do governo brasileiro que se recusa a admitir a água como um direito

fundamental da pessoa humana. Os direitos humanos não podem estar sujeitos às injunções da política e às pressões de empresas interessadas em transformar a água em negócio.

184. As grandes obras hídricas em execução para superar a seca agridem nossos rios e inundam as terras dos pequenos agricultores. O bom senso de muitos estudiosos, ambientalistas e das comunidades envolvidas clama por projetos alternativos, mais baratos e de maior alcance, como, por exemplo, priorizar a revitalização do rio São Francisco e a construção de adutoras previstas no Atlas do Nordeste da Agência Nacional de Águas (ANA).

185. Por que não ampliar esta discussão com a participação das comunidades ribeirinhas?

186. Por que não priorizar uma política orgânica e difusa de captação das águas de chuva, de democratização de açudes e poços feitos com recursos públicos e que se encontram sem utilização ou nas mãos de particulares?

187. É questionável a lei de concessão de uso das florestas públicas na Amazônia. A floresta amazônica pode oferecer resultados economicamente viáveis, sem precisar derrubar as árvores. Os produtos florestais são diversificados e sustentáveis, econômica e socialmente.

188. A criação de reservas extrativistas, a demarcação das áreas indígenas, o incentivo aos planos de manejo florestal nas áreas de reserva legal das pequenas propriedades são instrumentos eficazes de geração de emprego e renda para as populações da Amazônia.

189. Cabe advertir que são necessárias medidas rigorosas que visem ao investimento em pesquisa de manejo florestal para toda a Amazônia: o combate firme ao uso das florestas para a produção de carvão vegetal; coibir a biopirataria, a pesca predatória e o garimpo em áreas indígenas; promover o zoneamento agro-ecológico da região e fortalecer a capacidade de fiscalização do poder público sobre as madeireiras; reduzir os prazos de concessão das áreas; garantir a transparência nas licitações; induzir a participação, com poder de decisão, das comunidades envolvidas em todo o processo.

190. Dar continuidade à concretização da recomendação da 2ª Conferência Nacional de Segurança Alimentar a respeito da aquisição, pela Companhia Nacional de Abastecimento (CONAB), da produção de alimentos dos assentamentos e dos pequenos agricultores, para recompor os estoques do governo.[73]

---

[73] Nesse sentido, é oportuno destinar recursos para as diversas experiências realizadas por iniciativas de grupos organizados, famílias camponesas, movimentos sociais, cooperativas, associações e outros, no que tange ao resgate e produção de sementes crioulas e varietais.

191. Regularizar a posse das terras tradicionalmente ocupadas pelos pequenos posseiros e ribeirinhos e criar territórios pesqueiros para garantir a sobrevivência dos pescadores familiares.

192. Criar instrumentos de participação deliberativa da sociedade nas autarquias federais, tais como INCRA, IBAMA, Instituto Chico Mendes de Conservação da Biodiversidade (ICMBIO), Instituto Nacional de Seguridade Social (INSS), e no processo de tomada de decisões governamentais.

193. Destinar recursos orçamentários para promover formas alternativas de educação no campo e para o campo, tais como Escolas Família Agrícola (EFAs) e Casa Familiar Rural.

2.4. Ao Poder Legislativo

194. Urge que os debates legislativos sobre as questões da terra sejam feitos à luz daquilo que é melhor para a população do campo, a sociedade e a preservação da natureza.

195. Lamenta-se que as várias Comissões Parlamentares de Inquérito (CPIs) da terra, mesmo depois de terem comprovado a grilagem de milhões de hectares do patrimônio fundiário brasileiro, acabaram se tornando letra morta e só serviram como palanque para a defesa dos interesses e das ideologias dos diversos grupos sociais e políticos.

196. Particularmente lamentável foi a conclusão da Comissão Parlamentar Mista (CPMI) das terras, que, encobrindo todos os crimes do latifúndio e da grilagem, quis transformar em crime hediondo a luta social pela reforma agrária.

197. Do Congresso Nacional espera-se:

- a revisão da legislação penal e sua aplicação, de maneira a não deixar impunes os grileiros de terras públicas;

- mudanças no Código de Processo Civil, para que os conflitos possessórios por causa de imóveis rurais não sejam mais resolvidos através de sentenças liminares, sem ouvir todas as partes envolvidas e sem que seja verificada *in loco* a função social da terra;

- aprovação definitiva da regulamentação da Proposta de Emenda Constitucional, PEC n. 57-A/1999, que expropria as terras onde se der exploração de trabalhadores submetidos à condição análoga à de escravos;

- realização de uma auditoria que permita à nação brasileira identificar e retomar os maiores latifúndios grilados e, de maneira especial, as terras ocupadas por pessoas físicas e/ou jurídicas estrangeiras;

- instalação, em regime de urgência, da comissão mista que deve fazer a revisão de todas as terras públicas doadas, vendidas ou concedidas entre 1º de janeiro de 1962 e 31 de dezembro de 1987, com superfície superior a 3 mil hectares, como manda o artigo 51 das Disposições Transitórias da Constituição Federal;

- revisão da legislação hídrica brasileira, conforme pediu o abaixo-assinado da Campanha da Fraternidade da CNBB de 2004, reconhecendo a água como direito fundamental da pessoa humana;

- aprovação do projeto de lei, em tramitação na Câmara dos Deputados, que determina a *imissão imediata do INCRA na posse dos imóveis desapropriados* para fins de reforma agrária, uma vez comprovado o cumprimento dos requisitos legais para expedição do mandado, resolvendo-se em ações separadas as impugnações relativas à improdutividade da terra e ao valor do imóvel;

- aprovação do projeto de lei que inclua o *tamanho do imóvel entre as causas justificativas de desapropriação.*

2.5. Ao Poder Judiciário e ao Ministério Público

198. É importante louvar o procedimento de muitos membros dos ministérios públicos, estaduais e federal, promotores de Justiça e procuradores, bem como de alguns juízes que assumiram, de acordo com a Constituição brasileira, a função social como

elemento essencial e definidor da propriedade, cumprindo, na prática, seu papel de defensores dos direitos humanos, sociais e ambientais.

199. Lamenta-se, entretanto, que muitos juízes se aliem aos grandes proprietários (muitas vezes eles mesmos proprietários) atrelados à visão da propriedade da terra como direito absoluto, acima de todos os direitos.

200. Cabe ao Conselho Nacional de Justiça (CNJ) investigar a impunidade que acompanha os crimes cometidos em razão de conflitos rurais. Inúmeros assassinatos, violências, humilhações, expulsões sumárias de famílias, casas e roças destruídas quase nunca recebem a necessária punição.

201. É urgente que os crimes de assassinato no conflito entre grandes e pequenos agricultores e os crimes de trabalho escravo sejam julgados em esfera federal, distante das pressões locais e estaduais das pessoas e grupos que os praticam ou os acobertam.

202. Sejam elaborados instrumentos legais que estabeleçam *novos procedimentos para o julgamento das ações discriminatórias*, a fim de acelerar a recuperação das terras devolutas da União, dos Estados, dos Municípios e do Distrito Federal, e sua destinação à reforma agrária.

203. É urgente a criação e o funcionamento efetivo, em todos os tribunais, dos comitês de acompanhamento

e resolução dos conflitos fundiários rurais e urbanos, com a participação da sociedade organizada, conforme orientação do CNJ.

204. É importante que as escolas de magistratura ministrem aos operadores da justiça cursos sobre a legislação agrária relativa às terras públicas e devolutas, à legislação ambiental e à legislação minerária.

205. Que os juízes sejam instados a não emitir sentenças liminares nos conflitos possessórios sem que sejam ouvidas todas as partes, seja verificada a função social da propriedade e seja analisada a consistência das matrículas e dos registros cartoriais dos imóveis em disputa.

Conclusão

NA ESPERANÇA DE "NOVOS CÉUS E NOVA TERRA"

206. Acreditamos na participação de todos os cidadãos e cidadãs no cuidado carinhoso pela vida e pelo ambiente em nossa terra. No cumprimento de nossa missão, denunciamos a idolatria da propriedade, da riqueza e do poder, que é a causa da violência que acompanha a luta pela terra. São "criminosos, pecadores todos os que querem sacralizar a propriedade da terra neste país de extensão continental! Sacramentar a usurpação, dignificar a grilagem é crime, é pecado".[74] "Encorajamos os empresários que dirigem as grandes e médias empresas e os microempresários, os agentes econômicos da gestão produtiva e comercial, tanto da ordem privada quanto comunitária, a serem criadores de riqueza em nossas nações quando se esforçam para gerar emprego digno, facilitar a democracia e promover

---

[74] "Quem comete crime hediondo neste país" – Documento assinado pela Coordenadora Ecumênica de Serviço – CESE e outras 11 entidades ecumênicas, após a aprovação do relatório Abelardo Lupion na CPMI da Terra – dezembro/2005.

a aspiração a uma sociedade mais justa e a uma convivência cidadã com bem-estar e em paz."[75]

207. "Como o que imola o filho na presença do seu Pai, assim é aquele que oferece um sacrifício com os bens dos pobres (Eclo 34,20)."[76] Segundo o secular ensinamento ético da humanidade, das religiões de todos os povos, a opressão dos pobres é pecado que brada ao céu: "clamarão a mim e eu ouvirei seu clamor" (Ex 22,23.27). No horizonte destes princípios éticos contidos na Palavra de Deus, comprometemo-nos a denunciar toda violência que nega às famílias e às comunidades pobres o direito e o acesso aos bens necessários para uma vida digna.

208. Reafirmamos ser a terra considerada dom e dádiva para a humanidade inteira, "terra de trabalho", lugar de viver, e não mercadoria, "terra de negócio". Nossos compromissos são de vida e vida em abundância para os mais pobres: os pobres da terra, das águas e da floresta, que entre tantos outros contaram com o corajoso testemunho de Dom Tomás Balduíno, falecido no dia em que este documento foi apresentado à 52ª Assembleia.

---

[75] DAp, n. 404.

[76] Continuam sendo atuais as palavras do livro do Eclesiástico, que converteram Frei Bartolomeu de Las Casas, um dos maiores profetas de nossa América Latina.

209. Conscientes de nossos limites e desafios, apesar da firmeza de nossas decisões, convocamos todos os seguidores e seguidoras de Jesus Cristo, bem como todas as pessoas com sentimentos humanísticos e comprometidas com os valores éticos, a que fortaleçam uns aos outros, unindo-se numa grande corrente para ser fiéis a novas relações e cuidados com a terra e com toda a natureza.

210. Ouvir e atender os clamores dos pobres é imperativo ético para todos os responsáveis pelo bem público e para todas as pessoas de boa vontade. Conduzidos pela força do Espírito da Vida, oferecemos nosso humilde serviço a todos, especialmente aos pobres. Buscando uma terra *sem males,* sem violência, sem dores ou lágrimas (cf. Ap 21,1-17), "esperamos, de acordo com sua promessa, novos céus e nova terra, nos quais habitará a justiça" (cf. 2Pd 3,13).

ANEXOS

Anexo 1
Contextualização conceitual e histórica da questão agrária

1. Os conceitos de conflito agrário, questão agrária e reforma agrária, conquanto muito próximos em suas origens e relações com a estrutura agrária do país, distinguem-se em aspectos essenciais que convém desde logo destacar.

2. A "questão agrária", na acepção que aqui conceituamos, está relacionada à estrutura de propriedade, posse e uso da terra e aos problemas sociais que provoca. Tais problemas evidenciam primariamente conflitos relativos a posse e uso da terra, mas adquirem o status de proposta política à consideração de reforma da estrutura agrária subjacente. As questões referentes à estrutura agrária e à reforma agrária são mutáveis em cada contexto histórico e geográfico. Questão agrária e reforma agrária estão intrinsecamente relacionadas, muito embora a lógica da política agrária siga outras vias, que às vezes implicam a reprodução de estruturas iníquas.

3. Outro conceito muito significativo é o de conflito agrário. Neste, a estrutura agrária dominante é causa eficaz de certa violência que se autorreproduz, afeta a vida dos povos nativos, camponeses, ribeirinhos, pescadores e quilombolas. Mas, por razões históricas, que em cada caso é preciso investigar, há duas situações que o realimentam, sem solução: 1) quando o conflito agrário (relacionado à estrutura agrária) não provoca uma questão agrária, no sentido político acima proposto; 2) quando a questão agrária é objeto de ação política propositiva, no sentido de reforma da estrutura agrária, mas as forças sociais que a sustentam não têm peso político para concretizá-la.

4. Tão antigos no Brasil quanto a história colonial são os conflitos agrários e sociais que envolvem as populações rurais, os grandes proprietários de terras e os poderes de Estado. A história da ocupação de terras no Brasil e da luta pela sobrevivência das pessoas que nela vivem e trabalham testemunha uma luta desigual. De um lado, os protagonistas de uma verdadeira idolatria da conquista patrimonial. De outro, a identidade e a cultura dos povos e grupos sociais que vivem da terra e convivem com a natureza como com uma mãe.

5. A história social do período republicano registra graves situações de conflito, de repercussão

nacional, como Canudos (1893-1898), Contestado (1912/1916) e Juazeiro-CE (1889-1934). Do período colonial tivemos a longa experiência de mais de um século do Quilombo dos Palmares, destruído sem contemplação pelas armas da milícia paraestatal, no ano de 1695. Também têm sido muitos os conflitos locais pela posse da terra. Por outro lado, os conflitos e os problemas agrários revelam também a marcha contínua da formação do campesinato brasileiro. Revelam ainda situações sociais críticas que, em diferentes regiões do país, tiveram em comum o apelo místico, num ambiente de forte exclusão social, nos marcos da sociedade oligárquica da República Velha ou da luta antiescravista no período colonial.

6. Mas tanto os conflitos de repercussão nacional quanto os inúmeros conflitos locais pela posse e uso da terra não foram entendidos, na ótica política da República, como questões sociais que exigiam uma ação reformadora. Ao contrário, os problemas agrários de então foram enfrentados pelas armas das milícias privadas dos coronéis ou pelas polícias estaduais ou, em última instância, pelo Exército Nacional (Canudos e Contestado), sem qualquer preocupação com a reforma da estrutura agrária.

7. A questão agrária nacional, assumida como problema político na agenda do Estado brasileiro, é

fato social bem mais recente, a partir dos anos 60 do século XX. Para isso, contribuíram, sobretudo e por diferentes caminhos, a Igreja Católica, especialmente por meio da CNBB, e grupos e movimentos sociais.

8. A transição da situação de conflito agrário para uma agenda política de reforma social e sua adequada realização, no Brasil, está longe de ser resolvida.

9. O avanço deu-se no início dos anos 60 do século XX, quando a questão agrária entrou nas prioridades do Executivo e do Congresso Nacional de então. Tal avanço, porém foi imediatamente freado e interditado pelo retrocesso imposto pelo regime militar posterior. Atualmente, continuam as tentativas dos poderes públicos e da mídia conservadora de tratar como meras questões de criminalidade os problemas agrários ainda em aberto.

10. Durante meio século, o tema da questão agrária entrou e saiu da agenda do Estado brasileiro, de diversas formas. De forma abrupta, em 1964, quando, de fato, foi banida da política, ainda que, de direito, figurasse nos compromissos e conceitos estabelecidos pelo Estatuto da Terra (novembro de 1964). Era esta a situação quando a CNBB, em 1980, no documento *Igreja e problemas da terra* declarava apoiar "os esforços do homem do campo por uma autêntica reforma agrária" e "a mobilização

dos trabalhadores para exigir a aplicação e/ou a reformulação das leis existentes".

11. Em 1984, a aliança política que se propôs substituir o regime militar comprometeu-se com a realização da reforma agrária através do I Plano Nacional de Reforma Agrária da Nova República. Mas esse plano teve vida efêmera e resultados insignificantes. Sua proposta de assentar 1,4 milhão de famílias redundou em pouco mais de 100 mil famílias assentadas.

12. Na Constituinte de 1987/88 deu-se o embate político mais forte entre os defensores e os oponentes da reforma agrária, que assumiam posições completamente opostas a respeito da questão agrária Nacional. Essencialmente, essas posições têm a ver com as concepções antinômicas da "terra de trabalho" e "terra de exploração" ou de negócio, magistralmente conceituadas no documento da CNBB de 1980 – *Igreja e problemas da terra*.

1. A reestruturação da economia do agronegócio – anos 2000

13. Em 1980, quando o documento *Igreja e problemas da terra* tratou das questões agrárias brasileiras, a população de nosso país vivia submetida ao autoritarismo do regime militar e à lógica de uma

modernização técnica que não se preocupava com a reforma social. Era o estilo de crescimento que se convencionou denominar "modernização conservadora". De lá para cá, decorreram-se pouco mais de 30 anos. Nesse ínterim, passou-se do regime militar para o estado de direito, e este fato provocou, também, importantes mudanças no Estado, na economia e na sociedade. Essas mudanças históricas vieram redefinindo a questão agrária brasileira, sempre vinculada aos ciclos econômicos e políticos em curso.

14. Olhando, a partir de hoje, pode-se dizer que nessas três décadas ocorreram dois ciclos distintos de desestruturação e reestruturação da estratégia agrícola esculpida durante o período militar. A primeira – desestruturação da "modernização conservadora" – ocorreu poucos anos antes da Constituinte e nos anos que a ela imediatamente se seguiram (1982-1999). Foi, no plano econômico, um longo período de transição, caracterizado por semiestagnação econômica e crise nas relações externas.

15. Nesse período, o país se debateu entre pressões fortes e contraditórias: pela democratização do Estado, por um lado, e pela hegemonia do pensamento neoliberal, por outro lado. A opção ultraliberal da política econômica brasileira dominou, praticamente, toda a década de 1990 e coexistiu com certa

desmontagem das políticas agrícolas convencionais e do sistema de crédito público, que haviam sido peças-chave da "modernização conservadora" na época do regime militar. Ademais, o ciclo mundial do comércio de *commodities* (palavra que designa produtos primários armazenáveis, transacionados em mercados mundiais organizados) era desfavorável para o Brasil, resultando em pressões pela desvalorização da renda agrícola e dos preços das terras e arrendamentos rurais.

16. Os governos da época eram fortemente influenciados pela reengenharia de Estado: deviam, positivamente, implantar as estruturas criadas pela Constituição de 1988, mas eram negativamente influenciados pela ideologia do estado mínimo e da remoção das velhas estruturas da "Era Vargas". Estiveram ainda empenhados no saneamento financeiro das dívidas e desvios herdados do regime anterior, convertidos então em dívida pública.

17. Nesse período, praticamente não foram estruturadas nem a expansão agrícola nem a industrial. O comércio internacional brasileiro também estava estagnado. A persistência de altos "déficits" nas transações externas, principalmente de 1994 a 1999, levou a uma situação de insolvência aguda que se manifestou na crise cambial de 1999. Essa crise significou o fim de um ciclo de economia política,

marcado pela relativa desorganização dos setores agrários, que eram dominantes no período militar.

18. A reinserção do Brasil nas exportações globais, na condição de grande provedor primário, é fenômeno típico da década de 2000. Neste período, foi elaborada uma nova estratégia econômica e política de modernização técnica da agricultura, sem, porém, mudar a estrutura fundiária. Houve um virtual pacto entre as grandes cadeias agroindustriais, os grandes proprietários de terras e o Estado que reorganizou a autodenominada economia do agronegócio.

19. A reestruturação interna do agronegócio e a reinserção externa das exportações são contemporâneas ao crescimento acelerado do comércio mundial, puxado pelo crescimento asiático, principalmente da China. O peso do ruralismo, na economia e na política de Estado, mudou substancialmente, sob influxo de estratégias públicas e privadas que se caracterizam por três alterações substanciais em comparação à década anterior:

    • o Sistema Nacional de Crédito Rural retomou o crédito público bancário, como principal via de fomento da política agrícola, associada aos mecanismos de apoio e garantia da comercialização agropecuária (Política de Garantia de Preços Mínimos – PGPM);

- o preço da terra e dos arrendamentos rurais subiu, de maneira substancial, em todas as regiões e para todos os tipos de terra, refletindo a alta das *commodities*. O aumento do preço da terra foi, também, afetado pela forte liquidez bancária, associada às subvenções da política agrícola, e pela frouxidão da política fundiária, relativamente à regulação da estrutura fundiária;
- aprofundou-se a inserção externa das cadeias agroindustriais que manipulavam, com maior evidência, as vantagens comparativas naturais da matéria-prima principal do seu processo produtivo.

20. A articulação da política pública agrária e das estratégias privadas de acumulação de capital, no espaço da agricultura e das cadeias agroindustriais, perseguindo lucro e renda da terra, constitui aquilo que denominamos reestruturação da economia do agronegócio – um novo pacto de economia política centrado na expansão primário-exportadora do comércio exterior brasileiro.

Anexo 2

Tabela 1: *Dados das operações de fiscalização do grupo móvel para erradicação do trabalho escravo*

Ano	N. de fazendas fiscalizadas	Trabalhadores resgatados	Indenizações pagas aos trabalhadores (mil reais)
2003	188	5.223	6.085,9
2004	276	2.887	4.905,6
2005	189	4.348	7.820,2
2006	209	3.417	6.299,7
2007	206	5.999	9.914,3
2009	350	3.769	5.908,9
2010	309	2.628	8.786,4
2011	331	2.428	5.985,8
TOTAL	2.227	34.793	61.584,4

Fonte: *Políticas sociais; acompanhamento e análise* – Elaboração IPEA, edição 2012, pp. 255-256.

Anexo 3

Tabela 2: *Total de famílias assentadas em projetos de reforma agrária (2003-2011)*

Anos	Número de famílias
2003	34.975
2004	81.184
2005	127.107
2006	136.319
2007	66.983
2008	70.067
2009	55.424
2010	38.396
2011	2.983
TOTAL	613.438

Fonte: (INCRA-SIPRA) Dados básicos. Elaboração IPEA. Cf. *Políticas sociais*; acompanhamento e análise, n. 20, edição 2012, p. 271.

Anexo 4

Tabela 3: *Renda domiciliar segundo classes de rendimento domiciliar (2000 e 2010)*

Classes de rendimento	2000			2010		
	% de Domicílios	% Acumulado	Renda mediana S.M.	% de Domicílios	% Acumulado	Renda mediana* domiciliar S.M.
Sem rendimento domiciliar	10,75	10,75	-	7,17	7,17	-
Menos de ½ S.M	5,93	16,68	0,30	13,80	20,97	0,28
Mais de ½ até um	21,02	37,70	0,99	23,14	44,49	1,001

Mais de um até menos de dois	25,60	63,30	1,65	29,50	73,93	1,64
Mais de 2 até menos de três	12,90	76,62	2,59	12,11	86,04	2,54
Mais de 3 até 5	12,31	88,983	3,84	8,70	94,74	3,92
Mais de 5 até 10	7,90	96,83	6,62	4,00	98,74	6,33
Mais de 10 até 30	2,98	99,81	-	1,09	99,83	-
Mais de 30	0,59	100,00	43,25	0,14	99,97	41,21

Fonte: Censo Demográfico (2000) – (IBGE) – Trabalho e rendimentos – Tabela 1.2.12. Censo Demográfico (2010) – (IBGE) – Características da população e dos domicílios – Tabelas 1.8.14.

(*) Renda mediana significa o valor mais frequente dentro de cada classe de rendimentos considerada. O salário mínimo referencial de 2000 é de 151,00 reais e o mesmo salário em 2010 é de 510,00 reais.

Tabela 4: *Estabelecimentos agropecuários –*
indicadores de concentração da produção – 2006

% de estabelecimentos Classes de VBP	N. de estabelecimentos (mil)	V. Bruto da Produção (VBP) %	VBP médio em sal. mínimos
0 2 SM	2.904,77	3,27	0,52
2 – 10	995,75	10,08	4,66
10 – 20	472,70	35,46	34,49
Mais de 20	27,31	51,19	861,91
TOTAL	4.400,52	100,00	10,45

Fonte: ALVES, Eliseu et alii. Lucratividade na agricultura. *Revista de Política Agrícola*, Ano XXI, n. 02, abr./jun. 2012, p. 48.

O caráter ambíguo atribuído pelas políticas públicas ao agricultor familiar revela de certa forma uma fratura no sistema social: os legítimos benefícios concedidos pela Previdência Social, que melhorou substancialmente a proteção social aos idosos, homens e mulheres; mas também apontou precários horizontes de inclusão socioeconômica aos jovens rurais, pois são desestimulados a levar adiante os empreendimentos familiares.

Os dados específicos das Tabelas 3 e 4 refletem essa contradição. Na primeira (Tabela 3) houve melhoria importante na renda monetária percebida pelos *domicílios rurais* entre os dois últimos Censos Demográficos, de tal sorte que verificarmos em 2010 cerca 2/3 dos domicílios rurais obtendo renda monetária na faixa de 1,5 salário mínimo. Paradoxalmente, quando se verifica a situação produtiva dos *estabelecimentos rurais* (Censo Agropecuário), a situação da maioria absoluta dos agricultores familiares é de produção de subsistência (2/3 produzem o equivalente a meio salário mínimo/mês de Valor Bruto da Produção).

BIBLIOGRAFIA CITADA

BENTO XVI. Carta encíclica *Caritas in veritate*. São Paulo: Paulinas, 2009.

CARVALHO FILHO, José J. A nova (velha) questão agrária e o agronegócio. *Direitos Humanos no Brasil – 2007*. Relatório da Rede Social de Justiça e Direitos Humanos. São Paulo, 2007, pp. 23-30.

_____. Concentração, política agrária e violência no campo. *Direitos Humanos no Brasil – 2009*. Relatório da Rede Social de Justiça e Direitos Humanos. São Paulo, 2010, pp. 39-46.

CEBI. *Os pobres possuirão a terra*. São Paulo: Paulinas, 2006.

CELAM. *Documento de Aparecida. Texto conclusivo da V Conferência Geral do Episcopado Latino--Americano e do Caribe*. São Paulo: Paulus/ Paulinas, 2008.

CNBB (1980). *Igreja e problemas da terra* (doc. n. 17). São Paulo: Paulinas, 1980.

_____. *Exigências éticas da ordem democrática* (doc. n. 42). São Paulo: Paulinas, 1989.

_____. Texto-base de Campanha da Fraternidade. *Terra de Deus, terra de irmãos*. São Paulo: Paulinas, 1986.

_____. Texto-base de Campanha da Fraternidade. *Dignidade humana e paz*. São Paulo: Paulinas, 2000.

_____. Texto-base de Campanha da Fraternidade. *Fraternidade e água*. São Paulo: Paulinas, 2004.

_____. Texto-base de Campanha da Fraternidade. *Fraternidade e Amazônia*. São Paulo: Paulinas, 2007.

_____. Texto-base de Campanha da Fraternidade. *Economia e vida*. Brasília: CNBB, 2010.

DELGADO, Guilherme C. (1985). *Capital financeiro e agricultura no Brasil: 1965-1985*. São Paulo: Unicamp-Ícone, 1985.

_____. O setor de subsistência na economia brasileira; gênese histórica e formas de reprodução. In: JACCOUD, Luciana (org.). *Questão social e políticas sociais no Brasil contemporâneo*. Brasília: IPEA, 2005.

_____. Questão agrária no Brasil, 1950-2003. In: JACCOUD (org.). *Questão social e políticas sociais no Brasil contemporâneo*, 2005a.

FAORO, Raimundo. *Os donos do poder*; formação do patronato político brasileiro. 15. ed. São Paulo: Globo, 2000.

FGV. *Revista Conjuntura Econômica* (mar. 2010).

IBGE. Censo Agropecuário de 2006 – Brasil. Rio de Janeiro: IBGE, 2009.

JOÃO PAULO II. Carta encíclica *Laborem exercens*. São Paulo: Loyola, 1979.

_____. Carta encíclica *Centesimus annus*. São Paulo: Paulinas, 1989.

MARTINS, José de Souza. *Expropriação e violência (A questão política do campo)*. São Paulo: Hucitec, 1980.

MENDES, Luciana. *Relatório sobre benefícios por incapacidade da Previdência Social – 1998-2005*. Brasília: IPEA (mimeo.).

MOTTA, Márcia; ZORTH, Paulo (org.). *Formas de resistência camponesa*; visibilidade e diversidade de conflitos ao longo da história. São Paulo: UNESP-ENADE, 2008.

PAULO VI. Carta encíclica *Populorum progressio*. São Paulo: SE, 1967.

PONTIFÍCIO CONSELHO JUSTIÇA E PAZ. *Por uma melhor distribuição da terra;* o desafio da reforma agrária. São Paulo: Paulinas, 1998.

SILVA, Lígia Osório. *Terras devolutas e latifúndio*. Campinas: Unicamp, 2008.

Impresso na gráfica da
Pia Sociedade Filhas de São Paulo
Via Raposo Tavares, km 19,145
05577-300 - São Paulo, SP - Brasil - 2014